KB210807

고구려 승랑 연구

● 지은이

남무희 _ 南武熙

경북 영주 출생.
국민대학교 국사학과 및 대학원 석 · 박사과정 졸업.
「원측의 생애와 유식사상 연구」로 박사학위 취득.
저서로는『주제별로 접근한 한국 고대의 역사와 문화』(공저)와
여러편의 원측 관련 논문 외에「고구려 후기 불교 사상연구」,
「안원왕 양원왕대 정치변동과 고구려 불교계 동향」및 자장 관련 논문이 있다.
국민대 · 을지대 · 안동대에서 강의했으며, 고려대학교 아세아문제연구소에서
디지털 '삼국유사' 개발팀의 연구원으로 활동하였다.
현재 국민대와 시민대학 및 방송통신대 강사로 출강하고 있다.
2004년 교양강좌 BestTeacher상 수상(2005년, 국민대학교)
제1회 선리연구원 학술상 수상(2007년, 선학원)
제3대 사대보살상(대지문수보살) 수상(2007년, 우리는 선우)

고구려 승랑 연구 -동아시아 신삼론 사상의 개척자-

초판인쇄일	2011년 5월 24일
초판발행일	2011년 5월 25일
지 은 이	남무희
발 행 인	김선경
책 임 편 집	김윤희, 김소라
발 행 처	도서출판 서경문화사
	주소 : 서울 종로구 동숭동 199 - 15(105호)
	전화 : 743 - 8203, 8205 / 팩스 : 743 - 8210
	메일 : sk8203@chollian.net
인　　쇄	바른글인쇄
제　　책	반도제책사
등 록 번 호	제 1 - 1664호

ISBN 978-89-6062-074-2　　93220

ⓒ남무희, 2011

정가　10,000원

고구려 승랑 연구

- 동아시아 신삼론 사상의 개척자 -

남 무 희 지음

서 경 문 화 사

저자가 불교를 처음으로 접한 것은 초등학교를 입학하지도 않은 나이 어린 시절이었다. 요즘처럼 도로가 제대로 갖춰지지 않았던 그 당시에, 저자는 부모님과 함께 풍기 소백산에 있는 희방사를 찾았다. 이때 대웅전에 덩그러니 앉아 계시는 부처님을 처음으로 뵈었는데, 참으로 신선한 충격이었고 궁금한 점도 많았던 것으로 기억된다.

그러다가 고등학교 2학년 겨울방학에는 우연한 인연으로, 의성 고운사에서 1주일 정도를 머물렀던 것으로 생각된다. 이 당시 저녁 예불이 끝난 후에는 근일 스님의 『육조단경』 강의를 들었다. 그 당시에 『육조단경』의 깊은 의미는 이해할 수 없었지만, 무언가 무한한 희망의 빛을 발견한 듯한 기분이 들기도 했었다.

그후 1986년 12월 주말에 조계사 청년회에 발을 들여놓았는데, 마침 그 날은 구도법회를 가는 날이었다. 성북구 정릉동에 있는 봉국사에서 밤새도록 1,080배를 하였다. 이런 기도의 염원으로 간신히 대학교를 들어올 수 있었다고 저자는 믿는다.

그럭저럭 대학을 졸업한 뒤, 저자는 아무런 준비 없이 대학원 석사과정에 진학하였다. 하지만 대학원 수업을 제대로 따라가는데 많은 어려움을 겪었다. 석사과정을 수료한 뒤에도 학위논문 주제를 잡지 못하고 있던 저자는, 가산불교문화연구원에서 지관 스님으로부터 '화엄경현담' 강의를 듣게 되었다. 그 당시 『화엄경』의 깊은 의미를 자세하게 이해할 수는 없었지만 결석 없이 꾸준하게 강의를 들으면서, '승랑의 생애와 그의 신삼론 사상'이라는 주제로 석사학위 논문을 꾸려 나갔다. 이러한 과정에서 지도교수님이신 김두진 선생님의 꼼꼼한 지도와 동양사를 전공하신 이범학 교수님과 조선시대사상사를 꿰뚫고 있던 지두환 교수님의 세심한 심사를 받으면서 석사논문을 완성할 수 있었다.

이 책은 그 당시 제출한 석사학위 논문인 「승랑의 생애와 신삼론사상 연구」를 기본으로 하였다. 저자가 승랑의 신삼론사상을 주제로 석사학위논문을 발표한 이후에, 최근까지 승랑과 관련된 논문은 여러 편이 발표되었다. 하지만 저자처럼 그의 생애를 고구려사의 전개과정과 연관시키면서 검토한 연구는 아직까지 거의 없다는 생각이 들었다. 이에 여러모로 부족한 점을 알고 있으면서도, 이후 발표된 연구성과들을 살피면서 약간의 내용을 추가하거나 수정 보완하였다. 하지만 처음 석사학위논문을 작성할 때만큼의 열정은 생겨나지 않았던 것 같다. 그러다보니 전체적인 내용의 큰 틀은 처음 작성한 석사학위논문의 수준에서 크게 벗어나지 못했다는 생각이 든다.

이러한 부분은 고구려 불교사상사의 전체적인 전개에서 주요한 위치를 차지하고 있는 의연과 보덕의 생애 및 그들의 불교사상을 정리하는 기회를 통해 보완해 나갈 계획이다. 말하자면 고구려 불교사상사에서 중요한 위치를 차지하고 있는 의연과 보덕도 함께 검토될 필요가 있다. 하지만 이 책에서 이러한 부분은 상세하게 다루어지지 않았다.

의연은 중국 북조에서 새로운 사상경향으로 대두되던 지론사상을 고구려로 수용하였다는데 나름의 의미를 갖는다고 할 수 있다. 또한 보덕은 고구려에서 열반사상을 정립한 뒤에, 지금의 완산주 지역으로 이주하여 열반종을 개창하였다. 그의 열반사상은 통일신라시대 대표적 불교사상가인 의상과 원효의 화엄사상에도 깊은 영향을 미쳤던 것으로 이해되고 있다. 나아가 보덕의 생애와 사상은 신라하대를 살았던 최치원과 고려 중기 대각국사 의천에게 깊은 인상을 심어줬던 것으로 보인다. 이러한 보덕의 열반종사상이 고려후기 사상계에도 많은 영향을 미치고 있었음은 『삼국사기』와 『삼국유사』뿐만 아니라 이규보의 『동국이상국집』을 비롯한 여러 문집자료를 통해서도 알 수 있다. 다음의 연구에서는 고구려 의연과 보덕의 사상 및 그들이 추구하고자 했던 불교사상의 내용뿐만 아니라 그러한 흐름이 한국불교사에서 어떠한 의미를 갖고 있었는지도 심도있게 밝혀볼 계획이다.

생각해보면 지금까지 제대로 된 자식 노릇을 한 적이 없었음에도 불구하고, 하염없이 기다려 주시는 부모님의 바다보다 넓고 깊은 사랑은 저자가 계속 학문의 세계를 걸을 수 있도록 하는 버팀목이었다. 부모님의 만수무강을 기원하면서, 이 책의 출간이 조금이나마 당신들에게 위안이 되었으면 하는 마음 간절하다.

또한 저자에게 부족한 석사학위논문을 책으로 출간하도록 격려해준 인생의 친구에게 감사드린다. 만약 이쁜 동생이 없었다면 감히 부족한 글을 책으로 펴낼 생각은 하지도 못했을 것이다. 저자를 믿고 끝까지 함께 살아갈 인생의 친구를 만났다는 사실에 그저 감사할 따름이다.

쓰다가 멈춘 편지처럼 여러모로 부족한 글임에도 불구하고 기꺼이 출판을 허락해 준 서경문화사의 김선경 사장님께 감사드린다. 또한 난삽한 문장을 하나하나 바로잡으면서 그나마 한 권의 책이 될 수 있도록 아담하게 편집해준 김윤희와 김소라 선생님에게도 감사의 말씀을 전한다.

2011년 5월
북악관에서 저자 **남무희**

차 례

서론

　고구려 불교사에서 주로 연구되었던 부분은 처음 전래된 불교의 성격 및 그것의 수용이 갖는 역사적인 의미를 밝히려는 연구와 승랑과 삼론사상의 내용을 밝힌 연구가 있다. 또한 고구려 말기 사상계의 추이 및 당시 정치적 상황을 살피면서, 연개소문淵蓋蘇文의 도교진흥정책과 보덕普德을 중심으로 한 불교계의 대응을 검토한 연구 등으로 요약될 수 있다.

　우선 불교초전기 문제는 고구려뿐만 아니라, 삼국시대 불교수용과 그로 인한 고대사회 변화와 깊은 관련을 맺고 있다.[1] 이에 대한

---

1) 이기백, 「삼국시대 불교전래와 그 사회적 성격」『역사학보』6, 1954 ; 「삼국시대 불교 수용과 그 사회적 의의」『신라사상사연구』, 일조각, 1986.
　안계현, 「고구려불교의 전개」『한국사상』강좌 제7집, 한국사상연구소, 1964.
　김동화, 「고구려시대의 불교사상」『삼국시대의 불교사상』, 민족문화사, 1987.
　서경수 외, 「삼국시대 초기불교교단 형성에 관한 연구」『동국대학교논문집』12, 1973.
　김영태, 「고구려불교사상」『숭산박길진박사화갑기념 한국불교사상사』, 1975.
　김영태, 「고구려불교 전래의 제문제」『불교학보』15, 1978.
　김정배, 「불교전입전의 한국상대사회상」『숭산박길진박사화갑기념 한국불교사상사』, 1975.

최근의 연구경향은 대체로 고구려 내부의 문제뿐만 아니라 대외적인 문화교류의 측면도 고려하려는 시각이 대두되고 있다.[2] 이러한 연구는 주로 최근 발굴되고 있는 고구려 유물과 유적 및 고분벽화를 어떻게 이해할 것인가라는 측면과도 연관된다고 할 수 있다.[3]

또한 초전기 불교는 왕실이 적극적으로 수용하려는 것이었는데, 뒤에는 귀족에게도 유리한 불교가 들어옴으로 인해서 삼국은 모두 불교를 공인할 수 있었다는 것이다. 이러한 불교는 고구려가 중앙집권적 귀족국가로 체제를 정비해 나가는 문제와도 깊은 관련이 있다.[4]

다음으로 승랑 및 삼론사상에 대한 문제는 승랑이 요동성遼東城 고구려인이라는 사실에 주목하여 해방 이전부터 단편적이긴 하지만 이미 그에 대한 연구가 있었다.[5] 그러나 승랑과 삼론사상에 대한 본격적인 연구는 1950년대와 1960년대에 들어와 연구를 시작한 김잉석金芿石의 경우를 들 수 있다.[6] 이후 1970년대부터 1990년대까지

---

2) 이러한 측면과 관련해서는 여러 편의 논문이 발표되었다. 이에 대한 연구사를 세밀하게 검토한 연구로는 박윤선의 논문이 참고된다(「고구려의 불교 수용」『한국고대사연구』 35, 2005).
  또한 김진순은 감숙지역의 불교문화가 중원을 거치지 않고 고구려로 바로 전래되었을 가능성을 제기하였다(「5세기 고구려 고분벽화의 불교적 요소와 그 연원」『미술사학연구』 258, 2008).
3) 정호섭, 「고구려 고분의 조영과 제의」, 고려대 박사학위논문, 2009.
4) 김두진, 「고대인의 신앙과 불교수용」『한국사』 2, 고대민족의 성장, 국사편찬위원회, 1984.
  김두진, 「불교의 수용과 고대사회의 변화」『한길역사강좌 12 한국고대사론』 8, 1988.
  고익진, 「한국고대의 불교사상」『철학사상의 제문제』(Ⅱ), 한국정신문화연구원, 1984.
  신동하, 「고구려의 사원조성과 그 의미」『한국사론』, 19, 서울대 국사학과, 1988.
  신동하, 「고대사상의 특성」『전통과 사상』(Ⅳ), 한국정신문화연구원, 1990.
  전호태, 「5세기 고구려고분벽화에 나타난 불교적 내세관」『한국사론』 21, 1989.
  채인환, 「고구려불교계율사상연구」『불교학보』 27, 1990.
  신종원, 「『삼국유사』고구려 불교초전 기사에 대한 역주」, 『문화재』 27, 문화재관리국, 1994.

승랑을 연구한 사람은 박종홍朴鍾鴻, 유병덕柳炳德, 김인덕金仁德, 최동희崔東熙, 고익진高翊晉, 김항배金恒培, 남무희南武熙, 박선영朴先榮 정도이다.[7]

또한 승랑 및 삼론사상에 대한 문제는 일본과 중국의 학자들에 의해서도 연구가 진행되었다. 그가 활동한 지역이 중국이었으며,

---

5) 정인보, 「전고갑典故甲 4. 석도전釋道傳, (3) 도랑道朗의 삼론종확립」 『조선사연구』 하, 서울신문사, 1947 ; 『담원 薝 정인보전집』 4, 『조선사연구』 하, 연세대학교출판부, 1983, pp.256~269.
   근대적인 연구방법론으로 승랑을 처음으로 주목한 연구자는 육당 최남선이다(『조선불교 -동방 문화사상(文化史上)에 있는 그 지위-』, 조선불교청년회, 1930). 이 책은 일제의 식민사관에 대항하여 한국 고대 문화의 우수성과 세계사적 위치를 자리매김하였다는 평가를 받고 있다(윤창화, 『근현대 한국불교 명저 58선』, 민족사, 2010, p.28 및 pp.217~223).
6) 김잉석, 「고구려 승랑과 삼론학」 『백성욱박사송수기념불교학논문집』, 1959.
   김잉석, 「승랑을 상승한 중국삼론의 진리성」 『불교학보』 1, 1963.
   김잉석, 「인도중관학파의 진리성과 역사성」 『동국사상』 2, 1963.
   김잉석, 「승랑을 상승한 중국삼론의 역사성」 『동국대학교논문집』 1, 1964.
7) 박종홍, 「고구려 승랑의 인식방법론과 본체론」 『한국사상사』, 서문문고 11, 1972.
   유병덕, 「승랑과 삼론사상」 『숭산박길진박사화갑기념 한국불교사상사』, 1975.
   유병덕, 「한국불교의 원융사상」 『원광대학교 논문집 -전원배박사 고희기념-』 8, 1975.
   김인덕, 「삼론현의 현정론 연구」, 동국대 박사학위논문, 1979.
   김인덕, 「승랑의 삼론사상」 『철학사상의 제문제』(Ⅱ), 한국정신문화연구원, 1984.
   김인덕, 「고구려의 삼론사상전개」 『가산이지관스님화갑기념논총 한국불교문화사상사』 상, 1992.
   최동희, 「한국사상의 자각적인 발단」 『한국사상』 17-특집 : 한국사상사의 전개, 한국사상연구회, 1980.
   고익진, 「삼국시대대승교학에 대한 연구」 『철학사상의 제문제』(Ⅲ), 한국정신문화연구원, 1985.
   고익진, 「한국 불교철학의 원류와 전개 : 공관(空觀)을 중심으로」 『철학사상의 제문제』(Ⅳ), 한국정신문화연구원, 1986.
   김항배, 「승랑의 화사상(和思想) -특히 변증논리를 중심으로-」 『불교학보』 23, 1986.
   남무희, 「고구려 승랑의 생애와 그의 신삼론사상」 『북악사론』 4, 1997.
   박선영, 「고구려 승랑의 중국 유학과 활동 및 사승(師承) 관계」 『천태종전운덕총무원장화갑기념 불교학논총』, 1999.

그의 삼론학이 일본에도 전해졌기 때문에 승랑 및 삼론사상에 대해서는 일찍부터 연구가 진행되어 왔다.[8]

한편 1970년대에 들어서면서부터 고구려불교사에 대한 전반적인 연구는 앞 시대에 비해 보다 그 폭이 넓어졌다.[9] 그리고 1980년대 이후로 넘어오면서부터 그나마 연구의 양적인 확대를 가져왔다.[10] 이러한 불교 초전의 문제 및 승랑과 삼론사상에 대한 연구와 함께 고구려말 연개소문의 사상정책과 보덕의 대응을 다루는 몇 편의 논문이 발표되기도 하였다.[11]

그런데 2000년대 이후부터 승랑과 그의 삼론사상을 좀더 구체적으로 검토하려는 연구들이 계속해서 발표되었다. 대표적인 연구자로는 박상수,[12] 김성철,[13] 한명숙,[14] 석길암,[15] 서영애[16] 등이 주목된다. 그 외에도 저자가 미처 확인하지 못한 논문들도 더러 있을

8) 경야황양境野黃洋, 『지나불교사강화支那佛敎史講話』, 공립사共立社, 동경東京, 1927.
  탕용동湯用彤, 『한위양진남북조불교사漢魏兩晉南北朝佛敎史』, 상무인서관商務印書館, 1938.
  평정준영平井俊榮, 『중국 반야사상사 연구中國 般若思想史 硏究 -길장吉藏과 삼론학파三論學派-』, 춘추사春秋社, 1976.
  장만도張曼濤 주편, 『삼론종지발전급기사상三論宗之發展及其思想』, 대승문화출판사, 1978.
  장만도 주편, 『삼론전적연구三論典籍硏究』, 대승문화출판사, 1979.
9) 이만열, 「고구려사상정책에 대한 몇가지 검토」『유홍렬화갑기념논총』, 1971.
  문명대, 「고구려조각의 양식변천시론」『전해종박사화갑기념사학논총』, 일조각, 1979.
10) 앞의 각주 4)에 언급한 논문들이 참고된다.
11) 이만열, 「고구려사상정책에 대한 몇가지 검토」『유홍렬화갑기념논총』, 1971.
  차주환, 「고구려의 도교사상」『한국도교사상연구』, 서울대학교출판부, 1978.
  이내옥, 「연개소문의 집권과 도교」『역사학보』99, 100합집, 1983.
  노용필, 「보덕의 사상과 활동」『한국상고사학보』2, 한국상고사학회, 1989.
  노태돈, 「연개소문과 김춘추」『한국사시민강좌』5, 일조각, 1989.
  정선여, 「7세기대 고구려 불교정책의 변화와 보덕(普德)」『백제연구』42, 2005.
  정선여, 『고구려 불교사 연구』, 서경문화사, 2007.

것이라고 생각된다. 이러한 논문들에 대한 전반적인 연구사 검토는 일단 다음의 과제로 미루고자 한다. 왜냐하면 2000년대 이후 발표된 여러 연구성과에도 불구하고 고구려 승랑의 생애와 그의 사상 전반을 구체적으로 검토한 연구는 현재 찾아보기 어렵다고 생각되었기 때문이다.

이에 본고에서는 지금까지의 연구 성과를 종합하면서, 고구려 초기불교와 후기불교의 연결고리로서 승랑을 주목하고자 한다. 본론에서 집중적으로 검토되겠지만, 승랑의 출신에서부터 그가 섭산攝山 서하사棲霞寺에 들어가기까지의 과정을 살핌으로써 그 개인에 대한 이해와 더불어 그것이 고구려사의 전개와 어떤 관련을 갖고 있는지를 밝혀 보고자 한다.

나아가 그의 신삼론사상新三論思想을 실천론인 파사현정破邪顯正의 구현과 이론적 측면인 언교言敎의 전개과정으로 나누어 그의 사

---

12) 박상수, 「승랑의 삼론학과 사제설(師弟說)에 대한 오해와 진실(1)」『불교학연구』 1, 2000.
박상수, 「승랑의 삼론학과 사제설에 대한 오해와 진실(2)」『한국불교학』 50, 2008.
박상수, 『삼론현의』, 소명출판, 2009.
13) 김성철, 「승랑의 생애에 대한 재검토 1」『한국불교학』 40, 2005.
김성철, 「승랑의 생애에 대한 재검토 2」『보조사상』 23, 2005.
김성철, 「승랑의 생애에 대한 재검토 3 −담경의 정체와 초당사의 위치, 그리고 『화엄의소』의 저술−」『한국불교학』 50, 2008.
14) 한명숙, 「길장의 삼론사상 연구」, 고려대 박사학위논문, 2003.
한명숙, 「승랑의 삼론학 −언어로부터의 자유, 언어를 통한 자유−」『인물로 보는 한국의 불교 사상』, 예문서원, 2004.
한명숙, 『삼론학의 반야사상 연구』, 한국학술정보(주), 2005.
15) 석길암, 「길장의 삼론교학이 원효에게 미친 영향」『불교학연구』 8, 2004.
석길암, 「승랑의 중국불교사상사적 지위 −불교 중국화의 일시점−」『불교연구』 22, 2005.
16) 서영애, 「제9장 원효의 선관론의 역사적 위치 및 의의」『신라 원효의 금강삼매경론 연구』, 민족사, 2007.

상이 갖는 역사적 의미를 살펴 보고자 한다. 그런 다음 마지막으로
는 이후 고구려불교사 전개과정과 어떻게 연결되고 있었는지도 밝
혀보고자 한다.

　이를 위해 2000년대 이후 새로 발표된 연구성과들을 가능한 한
수용하면서, 중국에서 편찬된 『고승전高僧傳』 등의 사료에 보이는
승랑의 사상을 검토해 보고자 한다. 국내사료에는 승랑에 대한 기
록이 전혀 보이지 않는다. 또한 승랑은 구체적인 생몰년이 밝혀지
지 않고 있으며, 이렇다할 저술활동도 하지 않은 것으로 보인다.[17]
다만 중국삼론학을 종파로서 완성한 길장吉藏(543~623)이 그의 저
술(『삼론현의三論玄義』, 『이제의二諦義』, 『대승현론大乘玄論』 등)에서
승랑의 사상을 높이 평가하면서 서술한 부분들이 지금까지 전하고
있다.

　이에 본고에서는 승랑의 사상을 이해하기 위해 길장의 저술에서
승랑의 삼론사상을 가능한 한 뽑아서 정리하고자 한다. 그의 활동
시기를 고구려와 연결지어 이해하기 위해서는 『삼국사기』와 『삼국
유사』 및 『해동고승전』 등의 국내사료와 함께, 금석문 자료들도 적
극적으로 해석해 보고자 한다. 아울러 그 당시의 고구려와 중국 남
북조의 대외관계를 살피는 데에는 중국정사中國正史에 기록되어 있
는 『동이전東夷傳』의 자료들을 참고하고자 한다. 이러한 연구사 검
토 및 사료의 정리를 통해서, 본고는 아래의 사실들을 밝혀보고자
한다.

---

17) 김성철은 『삼론조사전집』에 인용된 『대승사론현의기』의 내용을 소개하면서, 승랑이
　　『화엄경』에 대한 여덟 권의 『화엄의소華嚴義疏』를 저술했을 가능성을 제기하였다
　　(「승랑의 생애에 대한 재검토 3-담경의 정체와 초당사의 위치, 그리고 『화엄의소』의
　　저술」 『한국불교학』 50, 2008). 하지만 승랑이 저술했다고 하는 『화엄의소華嚴義
　　疏』의 구체적인 내용은 현재 전하지 않는다.

첫 번째로는 고구려 요동성遼東城 출신인 승랑의 생애와 사상을 본격적으로 밝히려는 작업의 일환으로 고구려 불교계 동향을 전반적으로 검토하고자 한다. 이러한 분석을 통해, 승랑이 고구려 불교사상사 전개과정에서 어떤 위치에 있었는지를 제시하고자 한다. 나아가 승랑으로부터 비롯하는 신삼론사상이 이후 고구려 불교사상계에 어떠한 영향을 미쳤는지도 막연하나마 제시하고자 한다.

두 번째로는 승랑을 고구려 요동성 사람으로 전하고 있는 사실에 주목하여 고구려의 요동성 확보가 어떠한 의미를 지니고 있었는지를 살펴보고자 한다. 이를 위해서는 요동성에 육왕탑育王塔이 있었다는 기록과 승랑을 전후하여 요동에서 활약하였던 승려로 담시曇始와 담초曇超(418~492)를 살펴보고자 한다. 담시는 북조불교를 전하고 담초는 남조불교를 전한 것으로 보고자 한다. 또한 이러한 분석을 통해서 승랑이 요동성에서 이미 출가하였을 것으로 보고, 고구려 국내에서 배웠을 불교의 사상경향은 순도順道가 전한 불교뿐만 아니라 지둔도림支遁道林(314~366)의 즉색의卽色義와 도안道安(314~385)의 본무의本無義까지 수용하였음을 지적하고자 한다.

이러한 이해를 바탕으로, 승랑이 북지로 구법의 길을 떠난 시기가 언제였는지를 살펴보고자 한다. 승랑이 태어났을 무렵의 국제정세를 살피는 속에서 그가 북지로 구법의 길을 떠난 시기는 장수왕 50년(462) 이후로 추측하였다. 이러한 이해를 바탕으로 승랑이 북지로 구법해서 어떠한 불교사상을 배웠는가를 검토하고자 한다. 나아가 승랑의 남하 시기 및 이후의 유력과정遊歷過程을 세부적으로 살펴 보고자 한다.

세 번째로는 진리를 찾아 중국의 북조와 남조로 구법의 길을 떠났던 승랑의 활동을 종합하면서, 그의 사상체계가 성립되고 전승되어 나가는 문제를 살펴보기 위한 방법으로 삼론학의 계보를 작성하여 보고자 한다.

네 번째로는 승랑의 신삼론사상에서 본체론本體論에 해당하고 실천론實踐論이라고 할 파사현정破邪顯正의 구현과 이론적 측면인 언교言敎의 문제를 이제二諦로부터 출발하여 이것이 횡수병관橫竪幷觀의 중도공관中道空觀으로 귀결되는 과정까지를 밝힘으로서 이론과 실천이 결국 하나라는 제법실상諸法實相의 논리까지 밝혀보고자 한다.

하지만 본고는 자료가 없는 부분에서 논리의 비약과 무리한 추측을 한 부분이 많으며, 자료가 넘치는 부분에서는 제대로 정리해내지 못한 부분도 많았다. 이러한 부분은 앞으로 공부를 계속하면서 보완할 기회를 가져보도록 하겠다.

Ⅰ. 고구려 불교계 동향

고구려 초기불교와 후기불교의 사상경향이 어떠한 흐름으로 전개되었는지를 알기 위해서는 승랑의 생애와 그의 사상 전반을 밝혀 볼 필요가 있다. 그런데 승랑의 생애와 사상을 보다 구체적으로 밝혀보려면, 고구려 불교사상이 어떠한 경향성을 띠면서 전개되어 왔는지를 고구려사 속에서 살펴볼 필요도 있다고 생각된다.[18] 이와 관련해서는 아래의 사료가 참고된다.

> (1) 순도공順道公의 다음에 또한 법심法深·의연義淵·담엄曇嚴의 부류들이 서로 계승해서 불교를 흥기시켰다. 그러나 옛날의 전기에는 자세한 기록이 없으므로, 지금 또한 감히 그 사실을 순서에 넣어 편찬하지 못하였다. 자세한 것은 『승전僧傳』[19]에 보인다.[20]

---

18) 이 부분은 「고구려후기 불교사상 연구 -의연의 지론종地論宗 사상 수용을 중심으로-」
『국사관논총』 95, 2001에서 정리한 "고구려 불교계의 동향"을 요약 정리하였다.

19) 위에 보이는 『승전僧傳』은 『해동고승전海東高僧傳』으로 이해된다. 『해동고승전』은
고려후기 고종 2년(1215)에 경북 오관산의 영통사 주지인 각훈覺訓이 왕명을 받들어
편찬하였다. 『해동고승전』에 대한 연구로는 장휘옥章輝玉의 저서(『해동고승전연
구』, 민족사, 1991)가 참고된다.

위의 사료에서 일연一然은 고구려 불교사의 전개과정을 『해동고
승전』의 기록에다 미루고 있다.[21] 이때 일연의 세주를 토대로 고구
려 불교사의 흐름을 정리하면, 고구려 불교사는 대체로 순도→법심
→의연→담엄의 부류들로 계승되어 나갔음을 알 수 있다. 그리고
『삼국유사』 「흥법興法」편의 가장 뒤에 배치된 「보장봉로寶藏奉老 보
덕이암普德移庵」조에서는 고구려 멸망기 연개소문의 도교진흥정책
추진과 보덕을 중심으로 한 불교계의 대응을 다루고 있다. 한편
『해동고승전』 1, 「유통流通」 1-1의 목차를 살펴보면, 순도→망명亡
名→의연→담시의 순서로 서술되어 있음이 주목된다. 이것을 『삼국
유사』와 대조해 보면 법심과 망명亡名이 서로 연관되고, 담엄의 부
류와 담시가 서로 연관됨을 알 수 있다.[22] 이때 『삼국유사』나 『해동
고승전』 모두에 나타나는 의연의 존재도 주목된다.[23]

이러한 기록을 중심으로 고구려 불교사상사의 전반적인 흐름을
정리해보면 대체로 다음과 같이 요약될 수 있다. 첫 번째는 격의불
교格義佛敎 단계이다. 이 시기에는 고구려의 도인道人 또는 석망명釋

---

20) 일연一然이 편찬한 『삼국유사三國遺事』 흥법興法 제3의 「순도조려順道肇麗」조 제
목의 세주細註에는, "道公之次 亦有法深 義淵 曇嚴之流 相繼而興敎 然古傳無文 今
亦不敢編次 詳見僧傳"이라고 되어 있다.

21) 장휘옥, 앞의 책, 1991, p.137의 주 87.

22) 위의 사료에 보이는 '담엄의 부류'를 어떻게 이해해야 할 것인가의 문제는 잘 해결
되지 않는다. '담엄'은 '비담毘曇과 화엄華嚴'으로 이해될 수도 있을 것 같다. 하지
만 본고에서는 담시와 관련시켜서 계율을 잘 지켰다는 의미 정도로 이해하려고 한
다. 즉 '담엄'은 '담시의 계율을 엄격하게 지켰다'라는 의미 정도로 일단은 이해하
고자 한다.

23) 이만, 「고구려 의연의 유식교학 ―중국 지론종地論宗의 법상法上과의 관계를 중심으
로―」 『한국불교학』 21, 1996.
    정선여, 「고구려 승려 의연의 활동과 사상」 『한국고대사연구』 27, 2000.
    남무희, 「고구려후기 불교사상 연구 ―의연의 지론종地論宗 사상 수용을 중심으로―」
    『국사관논총』 95, 2001.

  고구려 승랑 연구

亡名과 지둔도림支遁道林이 서로 당시 유행하던 격의불교의 사상을 서신書信으로 교환하던 단계이다.[24]

두 번째는 공인불교公認佛敎 단계이다. 이 시기에는 순도順道와 아도阿道 및 담시曇始와 담초曇超 등이 중국 남조 및 북조로부터 고구려에 와서 공식적으로 불교를 전법하였다.[25] 이러한 흐름은 소수림왕 이후 고국양왕·광개토왕·장수왕·문자명왕대까지 계속되면서 국가불교적 성향이 강화되어 갔다.[26]

구체적인 사례를 찾아보면, 소수림왕 2년(372)에 전진으로부터 불상과 경문 및 순도가 왔으며, 4년(374)에는 아도가 왔다. 이에 5년(375)에 성문사省門寺(순도가 거주)와 이불란사伊弗蘭寺(아도가 거주)를 창건하고 있다.[27] 다음으로 고국양왕 9년(391)에는 불법佛法

---

24) 구마라습鳩摩羅什이 아직 관내關內의 장안長安으로 오기 이전(401년 이전)에, 중국에서 불교를 나름대로 이해하려던 경향으로 육종칠가六宗七家의 격의불교가 있었다. 길장吉藏은 구마라습이 관내에 오기 이전부터 있었던 격의불교의 종류를 ① 본무의本無義 : 도안의 것과 침법사琛法師의 것, ② 관내즉색의關內卽色義, ③ 지둔도림支遁道林이 저술한 『즉색유현론卽色遊玄論』, ④ 온법사溫法師의 심무의心無義, ⑤ 식함의識含義, ⑥ 일법사壹法師의 환화의幻化義, ⑦ 연회의緣會義의 6종 7가로 정리하고 있다(『중관론소中觀論疏』2,「동이문동이문異門」6, 대정신수대장경[이후로는 대정장으로 함] 42, 29 상~중). 여기에서 지둔도림이 지은 『즉색유현론』은 "즉색시공卽色是空을 밝혔으므로 『즉색유현론卽色遊玄論』이라고 하는 것이다. 이것은 가명假名을 허물어뜨리지 않으면서도 실상實相을 설하여 도안의 본성공本性空과 다름이 없다"라고 평가되었다(위와 같음, 29 상). 이러한 사실로 미루어 볼 때, 고구려에 처음으로 전래된 격의불교의 수준은 상당히 높은 수준에 도달해 있었음을 알 수 있다.
25) 담시는 고구려에 북조불교를 전하였을 것으로 추측되며, 담초는 남조불교를 전하였을 것으로 추측된다(남무희, 앞의 논문, 1997, pp.52~54).
26) 고구려뿐만 아니라 삼국시대 불교의 수용은 왕권을 중심으로 한 중앙집권적 귀족국가 형성의 관념형태적 표현이었다는 지적이 참고된다(이기백, 앞의 책, 1986, pp.46~50). 또한 이때 전진前秦을 통해 고구려에 전래된 불교는 그 자체가 정치와 밀착관계를 갖던 북방불교의 특성을 가진 것으로 이해되고 있다(이용범,「북조전기불교의 고구려전래」,『동국대학교논문집』12, 1973, pp.150~152).
27) 문명대,「고구려 초창불교사원 성문사·이불란사의 고찰」『강좌 미술사』10, 1998.

을 숭신하여 복을 구하라는 하교와 함께, 유사에게 명하여 국사國社를 세우고 종묘를 수리케 하였음이 보인다. 그리고 광개토왕 2년(392)에는 평양에 아홉 개의 사찰을 창건하고 있으며, 광개토왕 6년부터 15년까지(396~405) 요동에 담시가 와서 불교를 홍포하고 있다.[28] 또한 이 시기에 요동성 지역을 순수했던 광개토왕에 의해 요동성에 사찰이 건립됨과 아울러 육왕탑育王塔이 건립되었을 것으로 추측된다.[29]

한편 장수왕대에는 요동에서 출가한 승랑이 장수왕 50년(462) 이후에 북지로 구법의 길을 떠났다가, 장수왕 64년(476) 무렵에 남조로 내려가고 있다. 또한 장수왕 67년(479)에 석담초釋曇超(418~492)는 남제南齊 황제의 명령을 받고 요동에 와서 선도禪道를 홍찬弘讚하고 있다.[30] 그 시기는 대체로 장수왕 67년부터 70년(479~482) 무렵이었을 것으로 추측되고 있다. 다음으로 문자명왕 7년(498)에 금강사金剛寺가 창건되고 있으며, 9년(500)에는 남조로 내려갔던 승랑이 법도法度의 뒤를 이어서 섭산攝山 서하사棲霞寺를 새롭게 다스리고 있음이 보인다.[31]

세 번째는 격의불교뿐만 아니라 국가불교적 성향의 공인불교 단계까지 극복하면서, 중도공관에 대한 이해가 점차 심화되어 가는 중도공관불교中道空觀佛教의 단계라고 할 수 있다. 이 시기의 대표

---

28) 담시의 불교경향은 순도와 아도가 고구려에 전한 이후의 불교경향을 전하였을 것으로 추측되는데, 그가 전한 불교의 내용에는 도안(314~385)의 본무의도 들어 있었을 것으로 봐도 좋을 것이다.
29) 신동하, 앞의 논문, 1988, p.5 및 p.27.
　　문명대, 「고구려 불탑의 고찰」『역사교육논집』5, 1993.
30) 양梁의 혜교慧皎가 편찬한 『고승전』11, 「석담초전」(대정장 50, 400 상~중)을 참고.
31) 『고승전』8, 「석법도전釋法度傳」(대정장 50, 380 중~하)를 참고.

적인 승려로는 중국에서 새로운 삼론사상을 확립한 승랑을 들 수 있다.

고구려 요동성 출신의 승랑은 요동에서 출가한 후에, 북지로 구법의 길을 떠나고 있다. 그곳에서 그는 구마라습의 교학을 원습遠習한 뒤 남하하여, 남조에서 신삼론사상을 홍포하였다. 승랑은 비록 고구려로 귀국하지 않았지만, 고구려 초기불교와 후기불교를 이해하고자 할 때 주목되는 승려이다.

승랑의 신삼론사상에 보이는 특징은 실천론인 파사현정의 구현과[32] 이론적 측면인 언교言敎의 전개과정으로 요약된다. 이때 언교의 전개과정은 이제二諦의 문제에서부터 출발하였다. 즉 이제의 새로운 해석에서부터 시작하여 이제가 중도공관中道空觀으로 전개되어 나가는 과정 및 횡수병관橫竪幷觀으로 귀일하는 과정을 밝혔다. 그리고 끝내는 언교의 최고도달점이 파사현정의 구현이라는 실천론과 일치함을 제시하였다.

이러한 문제는 계속해서 중도中道의 본체는 불성佛性이 되고, 열반涅槃으로 나아가게 되는 과정이 설명되어져야만 할 내용의 것이라고 하겠다. 즉 일체가 무소득인 중도의 경지는 다시 중도의 본체는 무엇이며, 중도가 나아갈 바가 무엇인가라는 문제로 전개된다. 이때 중도의 본체는 불성이 되고, 일체가 무소득인 불이중도不二中道로 나아갈 지향점은 열반으로 귀결됨을 알 수 있다.

또한 파사현정의 활동이 추구하고자 하였던 바는 정법正法의 구현이었다. 이러한 정법이 국가의 통치이념으로 수용될 때에 그것은

---

32) 승랑의 신삼론사상에서 강조하는 파사현정의 구현은 용수龍樹의 실천론을 계승하는 것으로 이해된다(남무희, 앞의 논문, 1997, p.74의 주 82).

보편성을 가지고 다양한 양상으로 나타나는 국가의 문제를 하나로 통합시켜 나가게 되는 국가통치의 논리를 제시하게 되는 것이다. 그런데 이러한 통치의 논리는 당시 끊일 사이 없이 계속되던 전쟁을 종식시키고 정법에 의한 통치를 가져와 평화가 오기를 고대하던 당시의 현실문제와도 무관할 수 없었을 것이다. 그렇다면 이러한 사상이 고구려에 전해져 왕실과 연결될 때 '공空'을 기반으로 한 중도공관사상中道空觀思想은 왕실을 중심으로 한 통합사상으로 이해되었다고 볼 수 있다.[33)]

이와 같이 승랑에 의해 체계화된 중도공관불교가 다음 단계로 나아가고자 할 때 제기되는 문제로는 불성의 문제와 열반의 부각을 거론할 수 있다. 이러한 불성의 문제와 열반의 부각은 이후 고구려 불교사상의 내용을 전하고 있는 의연과 보덕의 사상을 이해하는데에도 많은 시사점을 제공하고 있다. 즉 고구려후기 불교는 의연에 이르러 불교에 대한 이해를 보다 깊이 하고자 노력하는 모습을 보이고 있다. 의연의 활동을 살펴보면, 『십지론十地論』·『지도론智度論』·『금강반야론金剛般若論』·『지지론地持論』 등의 보다 폭넓은 대승경전의 이해에 주력하는 모습이 보이고 있다.

한편 고구려 말기에는 보덕의 열반종사상이 보이고 있다. 이외에도 고구려 후기 불교사상의 흐름과 관련해서 주목되는 승려로는 지황智晃의 설일체유부학說一切有部學과 파야波若의 천태교관天台敎觀 및 보덕普德의 선관수행禪觀修行 등의 모습도 보이고 있다.[34)] 이렇게 고구려후기 불교사상의 내용이 여러 가지 모습으로 나타나고

---

33) 김두진, 「고대인의 신앙과 불교사상」 『한국사』 2, 국사편찬위원회, 1984, pp.308~310.

있는 이유를 밝히고자 할 때 특히 주목되는 승려로는 의연과 보덕 및 지황과 파야를 거론할 수 있다. 이들의 생애 복원 및 주요한 활동 상황과 그들의 사상 경향이 어떠하였는지도 좀더 세밀하게 검토할 필요가 있다.

하지만 본고는 승랑의 생애와 사상을 검토하는데에 주안점을 두었으므로, 이러한 부분까지 구체적으로 검토하지는 못하였다. 다음의 연구에서는 이러한 부분을 보다 더 구체적으로 밝히는데 주안점을 두도록 하겠다.

---

34) 기록에 보이는 고구려 출신의 승려들을 대략 유형별로 정리해보면 대체로 다음과 같다. 첫 번째로는 중국으로 유학하면서 귀국하지 않은 승려로는 중국 신삼론종의 시조라고 할 수 있는 승랑이 있다. 또한 서촉西蜀 지역에서 신삼론종을 홍포한 것으로 보이는 실법사實法師와 인법사印法師가 있다. 그밖에 천태교학天台敎學을 배운 파야波若와 담천曇遷과 교유하면서 섭론종攝論宗을 배운 것으로 보이는 지황智晃 및 멀리 천축天竺에까지 유학하여 그곳에서 일생을 마친 것으로 보이는 현유玄遊 등이 있다. 두 번째로는 중국에 유학하여 불교를 배운 후 귀국하였다가 다시 일본으로 건너간 혜관慧灌과 혜자慧慈 및 도등道登 등이 있다. 세 번째로는 고구려에서 신라로 망명한 혜량惠亮과 백제 지역으로 망명한 보덕普德이 있다. 그 외에도 고구려에서 일본으로 건너가 활약한 승려들이 다수 보이고 있다.

II. 승랑의 생애

1. 요동에서 출가

승랑이 요동성 고구려 사람이라는 점은 고구려가 언제 요동성을 확보하였는가의 문제와 함께 고구려의 요동성 확보가 갖는 고구려에서의 문제, 그리고 불교수용과정에 대한 문제와도 직결되는 중요한 의미를 갖는 것으로 이해된다. 우선 승랑의 출신을 알려주는 자료는 아래와 같다.

(2) 석법도釋法度(437~500)는 황룡인黃龍人이다. 제齊나라 영원永元 2년(500)에 산중山中[35]에서 입적하였는데 나이 64세였다.
법도의 제자로 승랑이 있었는데, 선사先師를 계승하면서 산사山寺를 새롭게 다스렸다. 승랑은 본래 요동 사람이다.
그의 성품 됨됨이가 널리 배우고 사력思力 또한 널리 해박하였다. 모든 불경과 율학은 모두 다 능히 강설하였는데, 화엄과 삼론을 제일의 명가命家로 하였다. 금상今上(필자주 ; 양무제를 말함)이 승랑의 그릇

---

35) 여기의 산중은 섭산攝山을 말한다.

이 출중함을 알고 조칙을 내려 뜻있는 인사들을 모두 산으로 보내어 학업을 받아오게 하였다.[36]

(3) 앞서 승랑법사라는 이름난 대덕이 계셨는데 고향인 요수遼水(필자주 ; 요동을 말함)를 떠나 경화京華에서 불교의 가르침을 질문하였다. 청규에 빼어났으며, 석학으로 조예가 깊었다. 일찍이 반야의 성품을 이루었고 계율의 근본을 갖추었으며, 방등의 지귀를 천명하고 중도의 이치를 퍼뜨렸다. 북산의 북쪽과 남산의 남쪽에 있으면서, 황도皇都에 머물지 않고 장차 삼기三紀 동안을 돌아다녔다. 양무제는 능히 사등四等을 행할 수 있었고 삼공의 이치를 잘 알았는데, 누차에 걸쳐 궁궐로 부르는 편지를 내렸으나 듣지 않았다. 천감天監 11년(512)에 황제가 중사中寺 석승회와 영근사의 석혜령 등 승려 10인을 산에 보내어 삼론의 대의를 자문받아 오게 하였다.[37]

(4) 산중법사山中法師의[38] 스승(필자주 ; 승랑을 말함)은 본래 요동 사람이다. 북지에서 삼론을 배웠는데 구마라습 법사의 가르침을 원습遠習하였다.[39]

(5) 섭산攝山의 고려 승랑대사는 본시 요동성遼東城 사람이다. 북토北土

---

36) 양(梁)의 혜교慧皎(497~554)가 편찬한 『고승전』 권제 8, 「석법도전釋法度傳」(대정장 50, 380 중~하)에는, "釋法度 黃龍人 齊永元二年 卒於山中 春秋六十有四矣 度有弟子僧朗 繼踵先師 復綱山寺 朗本遼東人 爲性廣學 思力該普 凡厥經律 皆能講說 華嚴三論 最所命家 今上深見器重 勅諸義士 受業于山"이라고 되어 있다.

37) 『금릉범찰지金陵梵刹志』 권제 4 ; 『중국불사지총간中國佛寺誌叢刊』, 강소광릉고적각인사江蘇廣陵古籍刻印社, pp.493~494에 수록되어 있는, 진시중상서령陳侍中尙書令 강총지江總持가 기록한 「섭산서하사비명攝山棲霞寺碑銘」에는, "先有名德 僧朗法師者 去鄕遼水 問道京華 淸規挺出 碩學精詣 早成波若之性 夙植尸羅之本 闡方等之指歸 弘中道之宗 致北山之北 南山之南 不遊皇都 將涉三紀 梁武皇帝 能行四等 善悟三空 以法師 累降徵書 確乎不拔 天監十一年 帝乃遣 中寺釋僧懷 靈根寺釋慧令等十僧 詣山諮受 三論大義"라고 되어 있다(김영태, 「해외문헌사료보초」 『불교학보』 17, 1980, p.183 및 석길암, 「승랑의 중국불교사상사적 지위 -불교 중국화의 일시점-」 『불교연구』 22, 2005). 이 자료를 통해서 볼 때, 승랑은 요동에서 이미 출가하였음을 알 수 있다.

38) 여기서 말하는 산중법사는 승랑의 법을 계승한 승전僧詮을 가리킨다.

39) 수隋의 길장(549~623)이 편찬한 『이제의二諦義』 권하(대정장 45, 108 중)에는, "山中法師之師 本遼東人 從北地學三論 遠習什師之義"라고 하였다.

고구려 승랑 연구

에서 구마라습 법사의 가르침을 원습遠習하였다.[40)]

위의 기록을 통해 볼 때, 승랑은 출신이 고구려 요동성遼東城 사람임을 알 수 있다. 특히 두번째 자료인 (3)에 의하면, 승랑은 요동에서 이미 출가하였음을 알 수 있다.

한편 승랑이 북지로 구법의 길을 떠나기 전까지의 사상경향이 어떠하였는지를 파악하기 위해서는 그가 요동성 고구려인이었다는 사실이 우선 주목된다. 지금부터는 고구려의 요동성 확보와 그곳에서 활약한 승려들을 살펴봄으로서 승랑이 고구려 국내에서 접하였을 불교사상의 내용을 추측해 보고자 한다. 또한 그가 북지北地로 유학의 길을 떠난 시기도 아울러 밝혀보고자 한다.

고구려가 요동을 확보하고자 하는 의도는[41)] 이미 동천왕東川王 (재위 227~248) 시기부터 있었다.[42)] 그후 오호십육국시대五胡十六 國時代(317~439)에 전연前燕이 만주지역으로 진출하면서부터, 고구려는 요동을 사이에 두고 전연세력과 치열한 각축전을 벌이게 된다. 이때 고구려가 요동을 확보한 것은 전연前燕을 멸망시키고 북중

---

40) 길장이 편찬한 『대승현론大乘玄論』 권제 1의 「이제체二諦體」 5(대정장 45, 19 중)에는, "攝山高麗朗大師 本是遼東城人 從北土 遠習羅什師義"라고 하였다.

41) 고구려가 요동을 확보하고자 하는 의도를 철鐵 생산과 연결시켜 이해하기도 한다. 요동성遼東城은 당시까지 중국의 한민족漢民族이 추구하는 동북면 경영의 정치적 중심지였다. 『한서지리지漢書地理志』에 염관鹽官과 철관鐵官을 두었던 평곽현平郭縣이 요동 18군에 속해 있는 것으로 보아 소금이나 철의 공급을 충분히 받을 수 있는 지역이었다. 고구려는 철생산지인 요동을 점령하면서 한대漢代 이래 널리 알려진 평곽현의 철장鐵場을 개발하여 생산력과 무력증강에 이바지하였을 것으로 보는 견해가 참고된다(이용범, 「고구려의 성장과 철」 『백산학보』 1, 1966, pp.83~84).

42) 『삼국사기』 권제 17, 「고구려본기」 제5의 동천왕 12년조(238)에는, "十二年 魏太傅 司馬宣王 率衆討公孫淵 王遣主簿大加 將兵千人助之"라고 하였다. 또한 16년조 (242)에서는, "十六年 王遣將襲破遼東西安平"이라고 하였다.

국의 패자覇者가 된 전진前秦과 친선관계를 맺게 되면서부터이다 (372). 이 무렵에 고구려는 요동에 대한 지배권을 전진으로부터 인정받은 것으로 보인다. 전진前秦은 중국 남조지방을 공략하는데에 주목적을 두었고 자신들의 세력기반도 요동과 무관하였음으로 요동의 확보에 그렇게 집착을 보이지는 않았던 것으로 보인다.[43] 이러한 사실은 다음의 기록을 통해서도 짐작해 볼 수 있다.

> (6) 고국원왕 40년(370)에 전진前秦의 왕맹王猛이 전연前燕을 쳐서 깨뜨렸다. 전연의 태부太傅 모용평慕容評이 도망쳐 오자, 왕은 그를 잡아서 전진으로 보내었다.[44]
>
> (7) 전연의 모든 주군목수州郡牧守와 육이六夷의 거수渠帥가 부견符堅에게 항복하였다. 곽경郭慶이 남은 무리들을 추격하니 모용평이 고구려로 도망쳤다. 곽경의 추격이 요해遼海에 이르자 고구려는 모용평을 잡아서 전진으로 보내었다.[45]

위의 기록을 통해서 알 수 있듯이, 고구려는 북중국의 패자覇者가 된 전진前秦과 친선관계를 맺으면서 대외적인 침입에서 벗어날 수 있었다. 즉 대외적으로는 외교적 화해를 통하여 국제적인 안정을 도모하고 대내적인 체제 정비에 힘을 쏟을 수 있게 되었던 것이

---

43) 이 당시 전진의 세력기반은 지금의 감숙성 일대였다. 그런데 김진순은 감숙지역의 불교문화가 중원을 거치지 않고 고구려로 바로 전래되었을 가능성을 제기하였다(「5세기 고구려 고분벽화의 불교적 요소와 그 연원」『미술사학연구』258, 2008). 이 당시 고구려가 전진으로부터 불교를 수용하는 측면을 이러한 시각에서 새롭게 검토해 볼 필요도 있다고 생각된다. 다음의 연구에서는 이러한 부분을 충분히 감안하면서, 고구려불교사를 정리해 볼 예정이다.

44) 『삼국사기』권제 18, 「고구려본기」6의 고국원왕 40년조에는, "四十年 秦王猛 伐燕 破之 燕太傅慕容評來奔 王執送於秦"이라고 하였다.

45) 『진서晉書』113, 「부견符堅」상에는, "燕諸州郡牧守 及六夷渠帥 盡降于堅 郭慶窮追 餘燼 慕容評奔於高句麗 慶追之遼海 句麗縛評送之"라고 하였다.

고구려 승랑 연구

다. 이때 전진前秦으로부터 불교가 수용되는데 국가적으로 환영하였던 모습이 보인다.[46] 이러한 소수림왕小獸林王(재위 371~384)의 불교수용은 불교전래사실만을 언급하는 것이 아니고 양국간의 외교관계를 말하는 것이라고 하여 고구려 불교수용[47]을 왕실이 주도하는 외교적 차원에서 이루어진 것으로 보는 견해도 있다.[48] 또한 고구려가 모용평慕容評을 자세히 알지도 못하는 전진前秦에 얽어매서 보낸 것은 모용씨慕容氏의 구원舊怨에 대한 보복일 뿐만 아니라 파죽지세의 기세로 동남 지방으로 밀려드는 전진의 세력을 외교적으로 무마하려는 저의가 있었다고 보기도 한다.[49]

전진前秦이 동진東晉을 원정하다가 참패하게 되면서(383, 소수림왕 13년), 그 예하에 있던 모용씨慕容氏의 일족인 모용수慕容垂가 국가 재건에 성공하였다.[50] 이때부터 고구려는 후연後燕과 요동지

---

46) 당시 외래이색종교인 불교를 국가적으로 환영하였으며 별다른 저항을 받음이 없이 순조롭게 받아들이게 된 배경은 다음의 논문이 참고된다(채인환, 「고구려불교 계율사상연구」 『불교학보』 27, 1990, pp.71~74).

47) 5호16국에서 고구려에 불교를 전하였을 가능성이 있는 나라로 후조後趙와 전연前燕이 주목된다. 후조後趙의 불교는 석륵石勒과 석호石虎의 통치기에 불도징佛圖澄이 활약하였는데, 당시 고구려와의 우호관계 속에서 전래가능성이 제기되기도 한다(이용범, 「북조전기불교의 고구려전래」 『동국대학교논문집』 12, 1973, p.148). 한편 고구려와 전연前燕이 국경을 맞닿고 있었을 뿐만 아니라, 양국은 사신의 교환이나 전쟁 등의 방법으로 교류가 빈번하였기 때문에 전연을 통하여 고구려가 불교를 접하게 되었을 것이라는 가능성도 제기된다(지배선, 「전.후연의 종교 —불교를 중심으로—」 『한성사학』 4, 1986, pp.131~140).

48) 이민용, 「삼국시대 불교교단과 초기신앙의 성격」 『동국대학교논문집』 12, 1973, p.157.

49) 이용범, 「북조전기불교의 고구려전래」 『동국대학교논문집』 12, 1973, pp.150~152. 이때 전진前秦을 통해 전래된 불교는 그 자체가 정치와 밀착관계를 갖던 북방불교의 특성을 가진 것으로 보인다. 또한 이 당시 고구려의 입장에서는 평양을 차지하기 위해 북상하는 백제에 대한 위협을 막아야만 할 필요성도 컸을 것으로 보인다.

50) 박한제, 「우리에게 부처님의 자비를 가르쳐 준 부견符堅 황제의 꿈과 현실 ; 비수淝水 전쟁 유적지와 부견의 묘 탐방」 『박한제 교수의 중국 역사 기행 1 영웅시대의 빛과 그늘, 삼국 · 오호십육국 시대』, 사계절, 2003, pp.204~239.

역을 두고 다시 대치하게 되었다.

이러한 대치상황 속에서, 고국양왕은 요하 이동의 지역을 잠시나마 고구려의 영토로 귀속시켰다. 고국양왕이 후연에 대해 펼쳤던 기습전의 추이를 살피면 다음과 같다.[51]

> (8) 여름 6월에 (고국양)왕은 군사 4만 명을 보내 요동을 습격하였다. 이에 앞서 연나라의 왕인 모용수가 대방왕 모용좌에게 명하여 용성에 진주하게 하였다. 모용좌는 우리 군대가 요동을 습격하였다는 소문을 듣고 사마 학경을 시켜 군사를 거느리고 가서 구원하게 하였다. 그러나 우리 군대가 그들을 쳐서 이기고 마침내 요동과 현도를 함락시켜 남녀 1만 명을 사로잡아 돌아왔다.
> 겨울 11월에 연나라의 모용농이 군사를 거느리고 쳐들어와서, 요동과 현도 2군을 다시 차지하였다. 처음에 유주와 기주의 유랑민들이 많이 투항하여 왔으므로 모용농이 범양 사람 방연을 요동태수로 삼아 이들을 불러 위무하게 하였다.[52]

위의 기록에 의하면, 고국양왕이 요동지역을 잠시 차지하였음을 알 수 있다. 하지만 그 기간은 그렇게 길지 않았음도 알 수 있다. 이에 고국양왕의 뒤를 이어 즉위한 광개토왕은 보다 적극적으로 요동지역을 공략하고 있다. 이를 통해 광개토왕대에는 고구려가 요동지역을 확실하게 확보하게 되었다. 이러한 사실은 아래의 자료를 통해서 알 수 있다.

---

51) 강재광, 「고구려 광개토왕의 요동확보에 관한 신고찰 -광개토왕비 '정미년조'의 새로운 해석을 중심으로-」『한국고대사탐구』2, 2009를 참고.

52) 『삼국사기』권 18, 고구려본기 6, 고국양왕 2년(385) 하 6월조에는, "夏六月 王出兵四萬 襲遼東 先是 燕王垂命帶方王佐 鎭龍城 佐聞我軍襲遼東 遣司馬郝景 將兵救之 我軍擊敗之 遂陷遼東玄菟 虜男女一萬口而還 冬十一月 燕慕容農將兵來侵 復遼東玄菟二郡 初幽冀流民多來投 農以范陽龐淵爲遼東太守 招撫之"라고 하였다.

(9) 광개토왕은 원년(391) 9월에 북쪽으로 거란을 정벌하고 남녀 500구를 사로잡았으며, 또 (거란에) 잡혀갔던 본국 백성 1만명을 위문하고 타이른 후에, 데리고 돌아왔다.[53]

(10) 영락永樂 5년(을미년에 해당)에 (광개토)왕은 비려碑麗가 △인△人을 돌려보내지 않으므로 몸소 군대를 거느리고 가서 토벌하였다. 부산富山을 지나 산을 등진 염수鹽水 부근에 이르렀다. 그곳 세 부락의 6, 7백 영營을 깨뜨리니, 우마군양牛馬群羊의 수를 헤아릴 수가 없었다. 이에 군대를 돌려 양평도襄平道와 동래東來 △성△城 력성力城 북풍北豊을 지났다. 왕은 수렵을 하면서 국토의 경내를 유관遊觀하고 전렵田獵하면서 귀환하였다.[54]

위에 보이는 (9)의 기사는 광개토왕이 즉위년에 거란을 정벌하였다는 『삼국사기』의 기록이다. 또한 (10)은 영락 5년(395)에 광개토왕이 거란을 정벌하고 수도로 귀환하는 도중에 있었던 일련의 사건을 나열하면서 기술한 것이다.[55]

이러한 사실을 통해 볼 때, 광개토왕은 고구려의 국가발전에 긴요한 철의 생산지이며 전략적 요충이었던 서북의 요동 확보에 주력하였음을 알 수 있다. 광개토왕이 직접 요동을 지나 멀리 거란까지 정벌함으로써 요동지역은 고구려가 확보하게 되었다.

이후에도 후연은 요동을 회복하기 위하여 신성新城과 남소성南蘇城을 함락시키기도 했으나, 광개토왕은 오히려 지금의 조양朝陽 동

---

53) 『삼국사기』 권 18, 고구려본기 6, 광개토왕 1년 추 9월조에는, "北伐契丹 虜男女五百口 又招諭 本國陷沒民口 一萬而歸"라고 하였다.
54) 왕건군 저(임동석 역), 『광개토왕비연구』, 역민사, 1993(pp.217~233)을 참고하였다. 여기에는, "永樂五年 歲在乙未 王以碑麗不歸△人 躬率王土 過富山負山 至鹽水上 破其三部洛 六七百營 牛馬群羊 不可稱數 於是旋駕 因過襄平道 東來△城 力城 北豊 王備獵 遊觀土境 田獵而還"이라고 하였다.
55) 김영하, 「고구려의 순수제」 『역사학보』 106, 1985를 참고.

북지역인 숙군성宿軍城까지 정벌함으로써 신성과 남소성의 복구는 물론 대릉하大凌河 너머까지 영토를 확장할 수 있었다. 광개토왕 14년(405) 요동성에 모용희의 침입이 있었으나 이기지 못하고 돌아갔으며, 다음해(406) 거란원정에 나섰던 모용희는 고구려의 목저성木底城을 쳤으나 이기지 못하고 돌아간다. 다음 해에 고구려는 보병과 기병 5만으로 거란성을 공격하는가 하면 궁궐을 증축하는 여유를 보이고 있다. 그리고 후연後燕은 404년부터 시작되는 선비족인 북위 탁발씨拓跋氏의 침략을 받아 점차 약화되어 기다기 모용희 때에 이르러 고구려 출신의 고운高雲에 의해 왕위가 찬탈되면서 망하게 되었다(407).

이후 고구려는 장수왕 15년(427)에 평양으로 도읍을 옮기게 되고, 23년(435)에는 북중국의 새로운 패자覇者가 된 북위北魏와 외교관계를 맺으면서도[56] 한편으로는 북연北燕을 도와주기도 한다. 즉 북연왕北燕王 풍홍馮弘이 고구려에 도움을 청하자 북위의 항의를 무시하고 장군 갈로葛盧와 맹광孟光 등을 보내어 북연의 수도인 용성龍城에 들어가 풍홍을 구출해 낸다(436). 북위가 북중국을 통일함에(장수왕 27년, 439년) 고구려는 북위에 사신을 파견하기도 하지만 이후 북위와의 사이에는 일종의 긴장관계가 조성되어 장수왕 28년(440)부터 장수왕 50년(462)까지 양국간에는 국교가 단절되어 있었다.[57] 그러다가 462년 3월에 고구려가 북위에 사신을 보냄

---

56) 이때 장수왕이 사신을 파견함에 북위에서는 원외산기시랑員外散騎侍郎 이오李敖를 보내어 장수왕을 도독요해제군사都督遼海諸軍事 정동장군征東將軍 영호동이중랑장요동군개국공고구려왕領護東夷中郎將遼東郡開國公高句麗王이라고 일컫는 것으로 보아 북위도 고구려의 요동성 확보를 인정하였음을 알 수 있다(『위서魏書』 열전 100, 「고구려전」을 참고). 그런데 『삼국사기』에는 이보다 이른 시기인 장수왕 13년(425)에도 고구려가 북위에 사신을 보낸 것으로 되어 있다.

으로써 양국관계는 정상을 회복하고 이후부터는 평화관계를 유지하게 된다.[58]

　이러한 사실을 종합해보면, 요동성 고구려 출신인 승랑은 고구려가 요동지역을 확보한 이후 북위와 긴장관계를 유지하던 장수왕 28년(440)부터 장수왕 50년(462) 사이에 요동성에서 태어나 성장하였을 것으로 보인다.[59] 그리고 승랑이 북지로 구법의 길을 떠날 수 있게 된 것은 462년에 이르러 고구려와 북위 사이의 긴장관계가 해소된 이후일 것이다.[60]

　다음으로 승랑이 언제 출가했으며 요동성에서 어떤 종류의 불교를 섭렵하였는지를 구체적으로 알려주는 자료는 현재 전하지 않는다. 그런데 도선道宣이 편찬한 『집신주삼보감통록』에는 요동성에 고려 성왕이 건립한 육왕탑育王塔이 있었다는 기록이 전하고 있다.

---

57) 이 당시 국교가 단절된 이유는 북연왕 풍홍을 압송해달라는 북위의 요구를 고구려가 거절한데서 찾을 수 있다. 그러나 보다 중요한 이유는 원가元嘉 16년에 송宋의 문제文帝가 북위를 침략하고자 할 때에 장수왕이 말 800필을 보내어 남조의 송宋을 도왔기 때문일 것으로 보인다(『남사南史』 79, 「이맥열전夷貊列傳」 하, 고구려전을 참고).

58) 서영교는 이 당시 고구려와 북위가 서로 대립하고 있었던 전반적인 상황을 자세하게 검토하였다(「북위北魏 풍태후馮太后의 집권과 대對고구려 정책」 『중국고대사연구』 11, 2004).

59) 안징安澄이 편찬한 『중론소기中論疏記』(대정장 65, 71 중)에서는 균정均正의 『사론현의四論玄義』를 인용하면서, "승랑이 회계會稽 산음山陰에 은거하면서 소시少時에 불교를 설하던 곳이 있다"라고 하였다. 그런데 이 부분은 뒤에서 좀더 자세하게 설명되겠지만, 승랑이 회계 산음에 머무르던 시기는 476년 이후부터 480년까지의 기간이었다. 그러므로 위의 사료에 보이는 소시少時를 20여세로 추측해보면서 그 연대를 거꾸로 계산해 보면 고구려와 북위가 긴장관계를 유지하던 시기에 승랑이 요동성에서 태어나 성장하였음을 알 수 있다.

60) 승랑이 북위에 유학하였을 시기를 장수왕 23년(435) 고구려가 북위에 사신을 보내어 외교관계를 처음으로 수립하던 시기로 볼 수는 없다. 왜냐하면 승랑의 스승인 법도의 생몰년이 437~500년이기 때문이다. 최소한 승랑은 법도보다 나이가 어렸을 것이다. 또한 북위에서는 태무제太武帝가 태평太平 7년(446)부터 폐불을 단행하였음으로 이 시기에 승랑이 북위에 유학하였을 가능성은 거의 없다고 봐야 할 것이다.

이러한 기록은 『삼국유사』에서도 거의 그대로 실렸다.[61]

이에 본고에서는 요동성에 육왕탑이 있었다는 기록을 검토해 보고, 승랑을 전후로 하여 요동성에서 활약하였던 승려들을 검토해 보고자 한다. 이러한 검토를 통해서 요동성 고구려 출신인 승랑을 어떻게 이해할 것인가를 추론해 보고자 한다. 우선 요동성육왕탑遼東城育王塔에 대한 기록은 다음과 같다.

> (11) 『삼보감통록』에 실려 있다. 고려 요동성遼東城 옆에는 탑이 있다. 고노古老들이 전하는 기록은 다음과 같다. 옛날에 고려高麗의 성왕聖王이 국경을 어루만지며 다니다가 이 요동성에 이르렀는데, 오색의 구름이 땅을 덮은 것을 보았다. 이에 구름 속으로 가서 찾아보니 어떤 승려가 지팡이를 짚고 서 있었다. 다가가면 없어지고, 멀리서보면 다시 나타났다. 곁에는 삼층으로 된 토탑土塔이 있었는데, 위는 마치 솥을 덮은 것 같았으나 이것이 무엇인지는 자세히 알지 못하였다. 다시 가서 어떤 승려를 찾으니 오직 망초荒草만 있었다. 이에 그곳을 일장一丈이 되도록 깊이 파보니 지팡이와 신발이 있었다. 이에 더 깊이 파보니 비명碑銘이 있었다. 비명에는 범어梵語로 쓰인 글자가 있었는데 시신侍臣이 알아보고, "이는 불탑佛塔이라 이르는 것입니다"라고 하였다. 이에 왕은 믿음이 일어나 칠층의 목탑을 세웠다.[62]

---

61) 『삼국유사』에 보이는 요동성 육왕탑의 사례는 도선道宣(596~667)이 664년에 편찬한 『집신주삼보감통록』의 기록과 668년에 도세道世가 편찬한 『법원주림』(권 38, 대정장 53, 588)에도 보인다. 도선의 원문과 일연의 『삼국유사』 내용을 비교하면, 포도蒲圖라는 단어를 설명하기 위해 써놓은 각주를 제외하고는 거의 같다. 『삼국유사』에서 중국불교문헌과 한국역사문헌을 인용한 경우는 대체로 원전의 용어를 잘 보전하고 있다. 일연은 중국 불교문헌을 언급할 경우, 대체로 원문을 일관되게 제시하였다. 일연은 근거없는 자료를 소개하지는 않았고, 원문의 자료를 줄이기만 하였다. 즉 중국 불교문헌을 자유롭게 교정하면서 용어를 쉽게 바꾸었다고 평가된다(맥브라이드 리차드, 「『삼국유사』의 신빙성 연구 -중국 및 한국문헌자료의 사례-」 『일연과 삼국유사』, 신서원, 2007).

위의 기록처럼 요동성에 육왕탑이 있었다면 사원도 있었을 것으로 추측되며, 그 규모도 적지는 않았을 것이다.[63] 고구려는 이미 고국양왕故國襄王 9년에 왕이 "불교를 숭신崇信하여 복을 구하라"고 하는 교지를 내리고, "유사에게 명하여 국사國社를 건설하고 종묘를 수리케 하였다"라는 기록이 보인다.

한편 평양을 확보한 이후에 광개토왕은 2년에 평양에 아홉 개의 사찰을 짓고 있다. 그런데 고구려에서 육왕育王으로 비춰질 전륜성왕은 광개토왕이었을 것으로 보는 견해[64]를 참고한다면, 요동을 확보한 이후 요동성에 사원을 건립하고 육왕탑을 세울 수 있었던 것은 광개토왕대의 사실이라고 보아도 좋을 것이다.

하지만 '고려高麗'라는 국명의 문제 및 '성왕聖王'의 실체를 두고, 여러 견해들이 제기되었다. 우선 위의 기록에 보이는 '고려'는 대체로 고구려의 약칭으로 이해된다. 그러나 '고려'라는 국호는 일정한 시기 이후에만 사용하였다는 점과 후기의 기록에 고구려라는 국호가 보이지 않는 점, 더구나 국내의 금석문에서조차 '고려'라는 국호명이 기록되어 있다는 점이 주목되었다. 이러한 측면은 단순히 '고구려'의 약칭이 아니라 '고려'라는 국호로 개칭된 것이라고 볼 수 있다는 견해도 제기되었다.[65]

---

62) 『삼국유사』 권제 3, 탑상塔像 제 4의 「요동성육왕탑」조에는, "三寶感通錄載 高麗遼東城傍塔者 古老傳云 昔高麗聖王 按行國界次 至此城 見五色雲覆地 往尋雲中 有僧執錫而立 旣至便滅 遠看還現 傍有土塔三重 上如覆釜 不知是何 更往覓僧 唯有荒草 掘尋一丈 得杖幷履 又掘得銘 上有梵書 侍臣識之 云是佛塔 因生信 起木塔七重"이라고 하였다.

63) 신동하, 「고구려의 사원조성과 그 의미」 『한국사론』 19, 1988, p.5.

64) 신동하, 앞의 논문, 1988, p.27.

65) 정구복, 「고려시대의 사학사연구」, 서강대 박사학위논문, 1985 ; 「한국의 역사가 김부식」 『한국사 시민강좌』 9, 1991, p.136 및 「고구려의 '고려' 국호에 대한 일고 – 『삼국사기』의 기록과 관련하여-」 『호서사학』 19 · 20, 1992, p.44.

이러한 견해에 따르면, '고려'라는 국호가 중국문헌에 나타난 것으로 확실한 시기는 광개토왕 8년(398) 이후 장수왕 11년(423)과 23년(435)이라고 보았다. 이때 국호의 개정 시기를 정확히 말할 수 없지만, 대체로 장수왕 10년대에 국호의 개칭이 있었다고 보았다. 그러면서도 이를 광개토왕 시기로 올려 잡을 수 있는 개연성도 완전히 배제할 수는 없다고 보았다.[66]

이와 같이 정구복은 『삼국사기』의 기록을 검토하면서, 고구려가 광개토왕과 장수왕대에 '고려'로 국명을 바꾸었을 가능성을 제시하였다. 그런데 이러한 측면과 관련해서는 위에서 살핀 「요동성육왕탑」조에 보이는 '고려'라는 기록도 함께 검토해 볼 여지가 있다고 할 것이다.

다음으로 '성왕聖王'의 실체를 살펴볼 필요가 있다. 일연 당시까지 '성왕'을 동명성왕으로 보는 인식이 남아 있었던 것으로 보인다. 하지만 일연은 이러한 견해를 부정하였다.[67] 동명성왕 당시에 불교가 전래되지 않았기 때문이라는 것이다. 하지만 '성왕'을 동명

---

66) 국호의 개칭은 혹 장수왕 15년의 평양천도와 관련이 있을런지도 모르겠지만 고구려의 대외적 문화적 발전의 결과라고 판단된다. 광개토대왕 이후의 비약적인 발전과 한문화의 성숙된 이해 그리고 평양으로 천도함을 계기로 고구려에서 한자적인 의미가 없는 '구句'자를 생략시켜 '고려'라는 국호로 개칭함으로써 한자의 일반적 의미로 풀어도 좋은 의미를 갖는 국호가 되었다고 할 수 있다. 중국측 자료 가운데 본기本紀의 기록에 의하면 고구려의 국호는 장수왕 10년대에 '고려'로 고쳐진 후, 말기까지 고려로 칭하여졌다. 그러나 국호의 개칭이 광개토왕대로 올라갈 가능성도 있다. 고구려의 국호 개칭은 장수왕의 평양천도와 관련이 있거나 영토의 확장 등 국가적 발전과 문화적 발전의 결과였다고 할 수 있다고 보았다(정구복, 「고구려의 '고려' 국호에 대한 일고 ―『삼국사기』의 기록과 관련하여―」 『호서사학』 19 · 20, 1992, p.63 및 p.65).

67) 『삼국유사』 권제3 탑상 제4 「요동성 육왕탑」조에는, "高麗聖王 未知何君 或云東明 聖帝 疑非也"라고 하였다.

성왕으로 이해하였던 이유까지 밝힌 것은 아니었다.

이런 상황에서 '성왕'은 대체로 광개토왕을 가리키는 것으로 이해되어 왔다.[68] 그런데 김선숙은 고국양왕일 가능성을 제기하였다.[69] 하지만 이러한 견해가 성립하려면, 고국양왕이 요동지역을 순수하였다는 근거 자료가 제시되어야 할 것이다. 현재 이러한 부분이 제대로 제시되지 않은 상황에서 고국양왕설은 설득력이 떨어진다고 하겠다.

이에 조경철은 고려의 성왕에 대해서는 동명성왕과 고국양왕 및 광개토왕일 것이라는 견해가 있었지만, 성왕이 동명성왕일 것이라는 견해에 대해서 일연은 부정하고 있음을 지적하였다. 요동성 육왕탑의 기록에 보이는 '성왕'은 전륜성왕을 의미하는데, 동명성왕대에는 불교가 수용되기 이전이라는 일연의 견해를 받아들인 것이다. 그 결과 조경철은 '광개토왕설'을 다시 주장하였다.[70]

이러한 조경철의 견해에 타당성이 없는 것은 아니다. 하지만 일연 당시까지 고주몽을 '성왕'이라고 이해하게 된 이유가 구체적으로 밝혀진 것은 아니다. 이러한 부분은 아래 제시한 금석문 자료를 분석함으로써 어느 정도 해명할 수 있을 것으로 생각된다. 아래 〈표 1〉이 참고된다.

---

68) 신동하, 앞의 논문, 1988을 참고.
69) 김선숙, 「『삼국유사』 요동성육왕탑조의 '성왕'에 대한 일고」 『신라사학보』 1, 2004.
70) 조경철, 「광개토왕대 영락永樂 연호와 불교」 『동북아역사논총』 20, 2008.

〈표 1〉 모두루 묘지명에 보이는 성왕의 사례[71]

위치	금석문 내용	성왕(聖王)의 실체
3①~4⑦	河泊之孫 日月之者 鄒牟聖王 元出北夫餘	동명성왕
6⑩~7①	聖王	동명성왕
10③~④	聖王	동명성왕
10⑧~11③	國罡上聖太王	고국원왕[72]
44⑥~45⑥	國罡上大開土地好太聖王	광개토왕
48⑧~⑨	聖王	동명성왕

위에 제시된 〈표 1〉은 모두루 묘지명에 보이는 성왕의 사례를 제시한 것이다. 모두루는 광개토왕대에 북부여 방면에서 지방관으로 활약하다가 장수왕대에 사망한 인물로 보여진다.[73] 그의 묘지명에 있는 내용이 모두 판독되는 것은 아니다. 하지만 여기에 '성왕'의 예가 다수 보이고 있음은 주목된다. 그것을 위의 〈표 1〉로 제시하였다. 그 결과 모두루묘지명에 보이는 '성왕'이 지칭하는 인물은 동명성왕(3곳), 고국원왕(1곳), 광개토왕(1곳)으로 나타나고 있다. 이로 볼 때, 모두루가 살았을 5세기대 고구려인들은 고구려를 건국한 고주몽을 추모성왕으로 불렀음을 알 수 있다. 이러한 인식이 후대인들의 기억 속에 남아 있었기 때문에, 『삼국유사』를 찬술할 당시까지 동명성제라는 관념이 남아 있었던 것이 아닐까라는 추측을 해볼 수 있다. 또한 광개토왕과 장수왕을 지나면서, 불교에서 말하

---

71) 위의 〈표 1〉을 작성하는데는 아래의 논문을 참고하였다.
　　노태돈, 「모두루묘지」 『역주 한국고대금석문』 1, 한국고대사회연구소, 1992, pp.93~95 및 시노하라 히로카타, 「고구려적 국제질서인식의 성립과 전개 -4~5세기를 중심으로-」, 고려대 박사학위논문, 2005, p.15(〈표 Ⅱ-1〉 고구려 금석문에 보이는 태왕太王의 사례)를 참고.
72) 무전행남武田幸男, 「모두루일족牟頭婁一族과 고구려왕권高句麗王權」 『고구려사高句麗史와 동아세아東アジア』, 암파서점岩波書店, 1989, pp.333~335.
73) 노태돈, 위의 글, 1992, p.92.

는 '전륜성왕轉輪聖王'의 '성왕' 관념이 개국 시조인 고주몽에게까지 확대된 것이라는 추측도 어느 정도는 가능할 것이라고 생각된다. 이러한 점을 종합해 볼 때, 고구려가 요동지역을 완전하게 확보한 시기는 광개토왕대로 볼 수 있을 것이다.[74]

다음으로 승랑을 전후로 하여 요동성에서 활약하였던 승려를 살펴보면 담시曇始와 담초曇超(418~492)가 있다. 이때 담시는 북조불교를 고구려에 전한 것으로 보이며, 담초는 남조불교를 전하였을 것으로 보인다. 다음의 사료가 참고된다.

(12) 석담시釋曇始는 관중인關中人이다. 출가한 후로 기이한 행적이 많이 있었다. 발이 얼굴보다 희어서 비록 진흙탕물을 건너더라도 일찍이 젖지 않았음으로 세상 사람들이 모두 백족화상白足和尙이라고 칭송하였다. 동진東晉 태원말년太元末年(396년 무렵)에 경율經律 수십부를 가지고 요동에 와서 교화하였다. 사람들의 근기에 맞게 널리 교화하였는데 삼승으로 현수顯授하고 귀계歸戒를 세웠다. 동진 의희義熙 초년(405년 무렵)에 다시 관중으로 돌아왔다.[75]

(13) 석담초釋曇超(418~492)의 성씨는 장씨로 청하인淸河人이다. 남제南齊 태조 즉위년(479)에 황제의 칙명을 받들어 요동에 와서 교화하였

---

74) 신라 중고시대는 불교왕명시대로 이해되고 있다. 그런데 고구려에서도 불교식 왕호가 사용되었을 가능성이 있다. 모두루묘지명에 보이는 '성왕聖王' 기록은 이러한 추측을 뒷받침할 수 있다고 생각된다.
한편 고구려의 안원왕은 『일본서기』에서 '박곡향강상왕狛鵠香崗上王'으로 표현되었다. 그런데 여기에 보이는 '곡향鵠香'은 부처의 열반과 그를 추모하는 의미를 담고 있는 곡림향화鵠林香火의 줄임말로 이해할 수 있다. 이에 저자는 안원왕이 '곡향강상왕'이라는 불교왕명을 사용하였을 것으로 보았다(「안원왕·양원왕대 정치변동과 고구려 불교계 동향」 『한국고대사연구』 45, 2007).
75) 『해동고승전』 유통 1-1의 「석담시전」에는, "釋曇始 關中人也 自出家 多有異跡 足白於面 雖涉泥水 未嘗沾濕 天下咸稱 白足和尙 以晉太元末年 賫持經律數十部 化遼東 乘機宣化 顯授三乘 立爲歸戒 晉義熙初 師復還關中"이라고 하였다. 이러한 기록이 『삼국유사』에서는 「아도기라阿道起羅」조에 실려 있다.

는데, 선도禪道를 널리 홍보하였다. 이곳에서 2년을 머무르면서 불법佛法의 교화를 크게 행하였다. 건원建元(479~482)의 말년에 서울로 돌아왔다.[76]

위의 사료를 통해 알 수 있듯이, 담시가 요동에 와서 교화한 기간은 광개토왕 5년(396)부터 14년(405) 무렵까지이었음으로 그가 고구려 불교에 미친 영향은 결코 적지 않았을 것으로 보인다.[77] 또한 그는 관중인인 것으로 보아 그의 불교경향은 순도順道와 아도阿道가 고구려에 전한 이후의 불교경향을 전하였을 것으로 추측된다. 아마도 그가 전한 불교의 내용에는 도안道安(314~385)의 본무의本無義도 들어 있었을 것으로 보인다.

한편 담초는 청하인淸河人이라고 하였음을 볼 때, 북조에서 남조로 남하하였다가 다시 남제南齊의 황제인 태조 소도성蕭道成의 칙명을 받들어 요동에 온 것으로 보인다. 담초의 출신지인 청하는 중국에서 관동關東 지방에 해당하는데, 처음에는 북연의 영토였다. 그후 북연은 태평太平 10년(436)에 북위에게 멸망된다. 담초는 이때에 남하하였을 것으로 보인다.

그런데 이 무렵에 담초가 요동에 올 수 있었던 배경은 당시의 국

---

76) 양梁의 혜교慧皎(497~554)가 편찬한『고승전』권 11의「석담초전」(대정장 50, 400 상~중)에는, "釋曇超 姓張 淸河人 至齊太祖卽位 被勅往遼東 弘讚禪道 停彼二年 大 行法化 建元末還京"이라고 하였다.

77) 광개토왕은 요동을 점령한 이후 이곳을 순행하고 7층 목탑을 세웠다. 이때 7층 목탑을 세우게 된 인연설화는 인도 아쇼카왕의 육왕탑과 결부시켰다. 나아가 광개토왕은 요동지역을 점령한 뒤, 이곳에 7층 목탑을 세우는데 만족하지 않고 국외의 승려들을 적극 유치하기도 하였다. 중국의 고승전과 최치원의 봉암사지증대사비에 보이는 동진의 승려인 담시가 대표적인 인물이다(김상현,「중국 문헌 소재 고구려 불교사 기록의 검토 ─구법승의 동아세아 불교에의 참여를 중심으로─」『고구려의 사상과 문화』, 고구려연구재단, 2005, p.235).

제정세를 살펴봄으로써 어느 정도 짐작해 볼 수 있다. 위의 사료에 의하면 담초가 고구려에 온 것은 장수왕 67년(479)에 해당된다. 『삼국사기』의 장수왕 68년(480) 기사에 의하면, 이해 4월에 남제의 태조 소도성蕭道成이 장수왕을 책봉하여 '표기대장군驃騎大將軍'을 삼았다. 이에 장수왕은 사신 여노餘奴 등을 보내어 남제에 조빙朝聘하게 하였다. 그런데 중도에서 북위의 광주光州 사람들에게 해상에서 붙잡혀 위고조魏高祖로부터 월경외교越境外交라는 비난을 받고 여노餘奴 등이 풀려난 사건이 있었다. 그러나 장수왕은 다음해에도 남제에 사신을 보내고 있음이 보인다.

이러한 사실로 볼 때, 담초는 남제의 태조가 보낸 즉위사절을 따라 고구려에 왔다가 요동에 머물렀을 것으로 보인다. 그리고 그가 전한 불교는 담시와는 달리 남조불교를 전하였을 것으로 보인다. 당시 담초의 나이가 60여세인 점으로 보아 그를 구법승으로 보기는 어려울 것 같다. 또한 황제의 칙명을 받들어 요동에 와서 선도禪道를 널리 홍보한 것으로 볼 때, 상당한 수준에 오른 불교학자이었을 것으로 추측할 수 있다.

이 무렵 승랑은 남제의 회계會稽 산음山陰에서 종산鐘山 초당사草堂寺로 옮길 무렵이었으므로 담초와 승랑이 서로 만날 인연은 없었다. 그러나 두 사람의 사상경향을 살피면 비슷한 점이 발견된다. 담초가 요동에 와서 선도禪道를 널리 홍보하였듯이 승랑은 북지에서 시라지본尸羅之本을 숙식宿植하였고, 섭산攝山에서 좌선행도坐禪行道하였다는 기록이 보이고 있다.[78]

현재까지 남아 있는 기록만으로 광개토왕과 장수왕대 요동지역의 고구려 불교계 동향을 구체적으로 밝힐 수 있는 자료는 없어 보인다. 하지만 앞에서 살펴보았던 담시는 진태원 말년(396)에 경율수십부를 가지고 요동에 온 것으로 되어 있다. 그는 요동지역 사람들의 근기에 맞게 교화하면서, '귀계歸戒'를 세웠다고 한다. 이러한 사실을 통해 볼 때, 담시가 요동에 전한 불교에서는 계율이 강조되고 있었음을 알 수 있다.

다음으로 승랑도 '청규정출淸規挺出'하였음이 강조되고 있다. 이로 볼 때, 승랑의 불교에서도 계율이 강조되고 있음을 알 수 있다. 또한 남조로부터 요동에 와서 교화했던 담초의 불교에서는 '선도禪道'가 강조되고 있다. 이러한 선관수행禪觀修行에서도 계율이 강조되는 것은 당연하였다고 봐야 할 것이다.

이렇게 담시와 승랑 및 담초의 행적을 검토해보면, 모두 계율이 강조되고 있음이 주목된다. 이를 통해 당시 요동지역의 고구려 불교에서는 대체로 계율이 강조되는 분위기였다고 보아도 크게 무리는 없을 것으로 보인다. 이러한 사실을 유추할 수 있는 기록이 최근의 연구에서 소개되었다.[79] 아래 자료가 참고된다.

> (14)-① 고구려의 승랑법사가 처음 양주에 왔을 때, 천자가 법사에게 칙명으로 물었다. "어떤 경론을 강의하는가?" 법사가 칙명을 받들어 대답하기를, "대승경전은 모두 강의합니다"라고 하였다. 천자가 존경하며 물었다. "『화엄경』을 강의할 수 있는가?" 다시 그것에 대하여 대답하지 않고, "대승의 의소義疏와 마찬가지로 아주 간단하니 바로 무

---

78) 담초(418~492)와 승랑의 사상경향에 비슷한 면이 많았음을 알 수 있는 기록은 다음과 같다. 진시중상서령陳侍中尙書令 강총지江總持가 기록한, 「섭산서하사비명攝山棲霞寺碑銘」(『금릉범찰지金陵梵刹志』 4)에는, "先有名德 僧朗法師者 淸規挺出 碩學精詣 早成波若之性 夙植尸羅之本 闡方等之指歸 弘中道之宗致"라고 하였다. 또한 안징安澄이 편찬한 『중론소기中論疏記』에는, "乃入攝嶺 停棲霞寺 行道坐禪(대정장 65, 46 중)"이라고 하거나, "後攝山麓 造棲霞寺 行道坐禪(위와 같음, 71 중)" 또는 "攝山去楊州七十里 棲霞寺 行道乃至廣說(위와 같음)"이라고 하였음을 주목할 필요가 있다.

79) 김성철, 「승랑의 생애에 대한 재검토 3 -담경의 정체와 초당사의 위치, 그리고 『화엄의소』의 저술-」『한국불교학』 50, 2008.

소득無所得의 이치입니다"라고 대답하였다. 천자가 크게 기뻐하자 (승랑은) 곧바로 여덟 권의 『화엄의소』를 지었다. (중략) ② 천자가 다시 물었다. "그곳 고구려에는 법사와 같이 총명한 사람이 몇 명이나 있는가?" 법사가 대답하였다. "칙명을 받들어 헤아려보니, 저 도랑道朗 한 사람이 가장 뛰어난 사람입니다. 제가 처음 수계를 마치고 나서 다른 곳에 가서 『계본戒本』을 빌려서 돌아오는 길에 그것을 열어보고 암송하였는데, 본사本寺에 이르는 길에서 암송을 끝냈습니다. (『계본戒本』을) 즉시 다시 되돌려 보내자, 사람들은 놀라고 괴이하게 여겼습니다. 사람들이 암송해 보라고 해서, 한 구절도 막히지 않고 물 흐르듯 하였습니다. 그래서 저 도랑이 가장 총명한 법사라고 추측하는 것입니다"라고 하였다. (이처럼 승랑은) 하루에 한 권을 암송하는 정도는 여유있게 성취하였다.[80]

『삼론조사전집』에 인용된 『대승사론현의기』의 내용을 소개한 (14)의 기록에는 승랑의 학문과 성품을 짐작하게 하는 일화가 소개되어 있다. 이 일화를 통해 승랑이 『화엄경』을 무소득의 이치로 해석했다는 점과 『화엄경』에 대한 여덟 권의 『화엄의소華嚴義疏』를 저술했다는 점 및 고구려에서 출가 수계했다는 점뿐만 아니라 하루에 한 권의 경전을 암송할 정도로 암기력이 뛰어나고 총명했다는 점 등을 알 수 있다.[81]

---

80) 작자 미상, 『삼론조사전집三論祖師全集』(『대일본속장경大日本續藏經』 111, pp.520 상~중에는, "高麗朗法師初來揚州時 天子勅問法師之 講何經論 法師奉勅之 講一切大經 仰問 能講花嚴經 復不答之 最便如大乘義疏(疏) 正是無所得義也 天子大歡喜 卽爲作八卷疏也 于時 如講師等講花嚴經 卽得病 不然則死 無有一人敢講說者也 天子復問彼高麗國 如法師聰明幾 法師答 勅之推與一道朗爲第一人 道朗初授戒竟 往他借戒本 於行路開誦 至本寺道已誦竟 則還反送 諸人驚怪 諸人試誦卽如水無一句滯 故推道朗爲第一聰明法師 爲一日誦一卷 閑意得也"라고 되어 있다(김성철, 위의 논문, 2008, pp.445~446 및 각주 49에서 재인용).
81) 김성철, 위의 논문, 2008, pp.445~446을 참고.

이러한 (14)의 기록을 통해, 승랑이 요동성에서 어떠한 불교경향을 수업하였는지는 어느 정도 추측할 수 있을 것으로 보인다. 지금까지 검토한 내용을 종합해 보면, 광개토왕과 장수왕대 요동지역의 불교경향은 대체로 계율이 강조되는 분위기 속에서 남북조의 불교경향이 모두 수용되었다고 볼 수 있다.[82]

지금까지의 분석을 종합해 보면, 승랑은 요동성에서 육왕탑이 건립되고 사원이 조성되는 분위기에서 성장하였을 것으로 추측된다. 당시 요동은 고구려에 있어서 대서진對西進 기지의 최전방으로서 중요한 곳이었다. 여기에 세워진 육왕탑과 사원도 군사적인 목적과 깊은 관련이 있었을 것이다. 그러나 장수왕 50년(462) 이후부터는 북위와 고구려 사이의 외교관계가 우호적으로 돌아서면서 요동은 중국에서 고구려로 문화가 들어오는 관문의 역할을 하였을 것으로 보인다. 이러한 분위기에서 담시와 담초 등의 전법승傳法僧들이 중국의 남조와 북조에서 모두 올 수 있었다고 보여진다. 그렇다면 승랑은 당시 고구려에서 유행하던 불교의 여러 경향에서 소수림왕대에 전해진 순도順道와 아도阿道의 불교사상뿐만 아니라 지둔도림支遁道林의 즉색의卽色義와 도안道安의 본무의本無義를 비롯한 중국 격의불교格義佛敎의 다양한 사상들을 이해할 수 있을 정도의 불교수업은 하였을 것으로 추측된다. 이러한 기본적인 소양을 갖춘 이후 승랑은 장수왕 50년(462) 이후에 북지로 구법의 길을 떠나게 된 것으로 보인다.

---

82) 남무희, 「광개토왕 장수왕대 요동지역의 고구려 불교」 『만주학보』 9, 2009.

2. 북지로 구법

　지금까지 살펴본 것처럼, 승랑은 요동성에서 당시 고구려에 전래된 불교의 다양한 경향들을 섭렵하고 장수왕 50년(462) 이후에 북지로 구법의 길을 떠난 것으로 보인다. 지금부터는 승랑이 북지에서 누구에게 어떠한 불교를 배웠는가를 추적해 보고자 한다. 승랑의 북지유학을 보여주는 기록은 다음과 같다.

　(15) (승랑은) 북지에서 삼론三論을 배웠는데 구마라습 법사의 가르침을 원습遠習하였다. 남으로 오吳에 내려왔다가 종산鍾山 초당사草堂寺에 머물렀다. 이때에 은사隱士 주옹周顒이 승랑으로부터 학문을 배웠다. 주옹은 만년에 『삼종론三宗論』을 지어서 이제二諦가 중도中道의 체體가 됨을 밝혔다. 만년의 지림법사智琳法師가 주옹에게 『삼종론』을 출간하라고 권유하였다. 주옹이 말하기를, "제자가 만약 이 『삼종론』을 출간한다면 많은 사람들이 의심할 것입니다"라고 하였다. 이에 지림법사가 말하기를, "빈도貧道가 옛날 소시少時에 일찍이 이 가르침을 들었으나 현음玄音이 중간에 끊어진 지 40여년입니다. 단월檀越께서 이 『삼종론』을 출간한다면 국성처자두목國城妻子頭目에게 이루할 수 없는 보시가 될 것입니다"라고 하였다. 이에 『삼종론』을 출간하였다.[83]

　위의 기록에 의하면, 승랑은 북지에서 구마라습鳩摩羅什의 가르침을 원습遠習하였음을 알 수 있다.[84] 또한 승랑은 남하하여 주옹에

---

83) 길장이 편찬한 『이제의二諦義』 권하(대정장 45, 108 중)에는, "從北地學三論 遠習什師之義 來入南吳 住鍾山草堂寺 値隱士周顒 周顒因就受學 周顒晩作三宗論 明二諦以中道爲體 晩有智琳法師 請周顒出三宗論 周顒云 弟子若出此論 恐于衆人 琳曰 貧道昔年少時 曾聞此義 玄音中絶 四十餘載 檀越若出此論 勝國城妻子頭目布施 於是 始出此論也"라고 하였다.

게 이제二諦가 중도의 체體가 됨을 밝혔으며, 주옹은 후에 지림법사의 권유를 받아들여 『삼종론三宗論』을 출간하였다는 사실을 구체적으로 전하고 있다.[85] 그러면 구마라습 법사로부터 원습遠習한 가르침 가운데 현음玄音의 내용이 무엇인지를 구체적으로 밝혀볼 필요가 있다. 본고에서는 길장吉藏의 저술에서 구마라습 이전의 불교, 구마라습으로부터 원습한 불교, 그리고 구마라습 이후의 가르침으로 나누어 살펴 보도록 하겠다.

우선 구마라습이 아직 관내關內(필자주 ; 장안을 말함)에 오기 이전(401년 이전)에도 이미 중국에서는 불교를 나름대로 이해하려는 경향이 있었다. 이를 중국불교사에서는 육종칠가六宗七家의 격의불교格義佛敎라고 하였다.[86] 이러한 육종칠가의 격의불교는 승예僧睿에 의해서, "격의불교는 진리와 멀어서 근본을 어그러뜨렸다. 육가六家는 치우쳐서 아직 상즉相卽하지 못하였다. 그러나 도안화

---

84) 고구려 승랑은 구마라습의 가르침을 배우기 위해 북지로 유학하였다. 하지만 승랑은 구마라습의 가르침을 직접 배운 것이 아니라, 그를 계승한 제자들을 통해 간접적으로 배웠다고 볼 수 있다. 그렇기 때문에 승랑의 학문섭렵과정은 '원습遠習'이라는 용어로 표현하였다고 생각된다.

85) 하지만 일본의 경야황양境野黃洋과 평정준영平井俊榮 및 중국의 탕용동湯用彤 등은 승랑의 학업과 업적이 과장되거나 근거가 없다고 의심하였다. 그리하여 그들은 스승으로서의 승랑을 부정하거나, 오히려 은사隱士 주옹의 제자였을 것으로 파악하는 견해까지 등장하였다. 하지만 이러한 주장들이 모두 근거가 없음은 박상수와 김성철의 논문에서 이미 자세하게 밝혀졌다. 이와 관련해서는 아래의 논문을 참조하기 바란다.

박상수, 「승랑의 삼론학과 사제설師弟說에 대한 오해와 진실 (1)」 『불교학연구』 1, 2000.
박상수, 「승랑의 삼론학과 사제설에 대한 오해와 진실 (2)」 『한국불교학』 2008.
박상수, 『삼론현의』, 소명출판, 2009.
김성철, 「승랑의 생애에 대한 재검토 1」 『한국불교학』 40, 2005.
김성철, 「승랑의 생애에 대한 재검토 2」 『보조사상』 23, 2005.
김성철, 「승랑의 생애에 대한 재검토 3 ―담경의 정체와 초당사의 위치, 그리고 『화엄의소』의 저술―」 『한국불교학』 50, 2008.

상道安和上만은 오직 성공性空의 종宗인 그 진리를 가장 잘 터득하였다"[87]라고 비판되었다.

또한 대장엄사大莊嚴寺의 담제법사曇濟法師는 『육가칠종론六家七宗論』을 지어서 격의불교를 비판한 것을 다시 종합하고 있다. 그러나 위의 격의불교에서 도안의 본무의本無義와 지도림支道林이 저술한 『즉색유현론卽色遊玄論』은 승조僧肇(383~414)의 사상으로 계승되며 나머지는 비판되었다. 즉 "도안道安이 밝힌 본무本無라는 것에서, 무無는 만화萬化의 앞에 있고 공空은 중형衆形의 처음이라고 하여 일체제법一切諸法의 본성은 공적空寂하였기 때문에 본무本無라고 말한다. 이것은 방등경方等經에서 논한 것과 구마라습鳩摩羅什과 승조僧肇 및 산문山門의 가르침과 다름이 없다"라고 평가되고 있다.[88] 또한 지도림支道林이 지은 『즉색유현론卽色遊玄論』도, "즉색시공卽色是空을 밝혔음으로 즉색유현론卽色遊玄論이라고 하는 것이다. 이것은 가명假名을 허물어뜨리지 않으면서도 실상實相을 설하여 도안의 본성공本性空과 다름이 없다"라고 평가되었다.[89] 그런데 이러한 승

---

86) 길장은 구마라습이 관내에 오기 이전부터 있었던 격의불교의 종류를 ① 본무의本無義 : 도안의 것과 침법사琛法師의 것, ② 관내즉색의關內卽色義, ③ 지도림이 저술한 『즉색유현론卽色遊玄論』, ④ 온법사溫法師의 심무의心無義, ⑤ 식함의識含義, ⑥ 일법사壹法師의 환화의幻化義, ⑦ 연회의緣會義의 육종칠가로 정리하였다(『중관론소中觀論疏』 2, 「동이문同異門」 6, 대정장 42, 29 상~중을 참고).

87) 길장이 편찬한 『중관론소中觀論疏』 권 2의 「동이문同異門」 6(대정장 42, 29 상)에는, "睿法師云 格義迂而乖本 六家偏而未卽 安和上 唯性空之宗 最得其實"이라고 하였다.

88) 길장이 편찬한 『중관론소中觀論疏』 권 2의 「동이문同異門」 제 6(대정장 42, 29 상)에는, "釋道安明本無義 謂無在萬化之前 空謂衆形之始 一切諸法 本性空寂 故云本無 此與方等經論什肇山門義無異也"라고 하였다.

89) 길장이 편찬한 『중관론소中觀論疏』 권 2의 「동이문同異門」 제 6(대정장 42, 29 상)에는, "支道林著卽色遊玄論 明卽色是空 故言卽色遊玄論 此猶是不壞假名 而說實相 與安師 本性空 故無異也"라고 하였다.

조僧肇의 사상을 승랑이 계승하는 것으로 이해된다. 다음의 사료가
참고된다.

(16) 대랑법사大朗法師(필자주 ; 승랑을 말함)는 관내關內(장안을 말함)에
    서 이 가르침을 터득하여 주씨周氏에게 전수하였다. 주씨는 『삼종론
    三宗論』을 저술하였다.[90]

(17) 제齊나라의 은사隱士인 주옹周顒이 『삼종론三宗論』을 지었다. (그 내
    용을 살펴보면) 첫째는 불공가명不空假名이고, 둘째는 공가명空假名
    이며, 셋째는 가명공假名空이다. 세 번째의 가명공은 주씨周氏가 사
    용한 것이니, 가명은 완연히 공空이라는 것이다.[91]

(18) 석도안釋道安의 본무本無, 지둔도림의 즉색卽色, 주씨의 가명공假名
    空, 승조의 부진공不眞空은 그 근원은 하나인데 방언方言(필자주 ; 표
    현 방법)이 다를 뿐이다.[92]

위에 제시한 자료들을 검토해 볼 때, 승랑이 주옹에게 전한 사상
은 원래 승조僧肇[93]의 「부진공론不眞空論」에서 나왔음을 알 수 있다.
이미 앞에서 승랑은 고구려 국내에서 석도안의 본무本無, 지둔도림
支遁道林의 즉색卽色을 섭렵하였을 것으로 이해한 적이 있다. 그러
므로 위의 기록을 통해서 승랑의 불교교리사상 발전단계의 모습을
추적해 볼 수도 있다. 승랑은 이제 중국의 관내關內로 구법을 떠난
뒤에 구마라습鳩摩羅什이 입적한 이후로[94] 구마라습의 가르침을 펴

---

90) 길장이 편찬한 『중관론소中觀論疏』 권 2의 「동이문同異門」 제 6(대정장 42, 29 하)
    에는, "大朗法師 關內得此義 授周氏 周氏因著 三宗論也"라고 하였다.
91) 길장이 편찬한 『중관론소中觀論疏』 권 2의 「동이문同異門」 제 6(대정장 42, 29 중)
    에는, "齊隱士周顒 著三宗論 一不空假名 二空假名 三假名空 第三假名空者 卽周氏所
    用 大意云 假名宛然 卽是空也"라고 하였다.
92) 길장이 편찬한 『중관론소中觀論疏』 권 2의 「동이문同異門」 제 6(대정장 42, 29 하)
    에는, "釋道安本無 支公卽色 周氏假名空 肇公不眞空 其原猶一 但方言爲異 斯可用
    之"라고 하였다.

고 있던 승예僧睿와 담제曇濟 및 승조僧肇로부터 구마라습의 가르침을 원습遠習하였던 것이다.[95] 특히 승조僧肇로부터 가르침을 받은 「부진공론不眞空論」의 내용은 아래와 같다.

> (19) 주씨周氏의 「가명공假名空」은 원래 승조僧肇의 「부진공론不眞空論」에서 나왔다. 「부진공론」에서 말하기를, "비록 유有이지만 무無이고, 비록 무無이지만 유有이다. 비록 유이지만 무인 것이 비유非有이고, 비록 무이지만 유인 것이 비무非無이다. 이와 같은 것은 곧 비非는 물物이 없음이고, 물物은 진물眞物이 아니다. 물物은 진물眞物이 아니니 무엇으로서 물物이라 하겠는가? 승조는 말하기를, 물物은 진물眞物이 아니기 때문에 가물假物이고, 가물假物이기 때문에 곧 공空이다"라고 하였다.[96]

승랑은 또한 이 당시 이제二諦를 핵심으로 하는 사상의 가르침을

---

93) 승조僧肇가 저술한 『조론肇論』은 네 편으로 구성되어 있다. ① 「물불천론物不遷論」 : 환상유전무상幻相流轉無常을 밝혔으니, 이것이 불생불멸不生不滅이라는 것, ② 「부진공론不眞空論」 : 공空은 허가의虛假義이니 허가虛假는 공空임을 말하는 것이라는 것, ③ 「반야무지론般若無知論」 : 반야般若는 지혜의 몸체이다. 우리들이 마음으로 헤아리고 입으로 의론하는 지知와는 다르다. 그러나 이것은 일체무지一切無知, 무불지無不知를 보조普照한 것이니 곧 대지大智라는 것, ④ 「열반무지론涅槃無知論」 : 일체법一切法을 드러낸 것은 색色 바깥에도 없고 마음의 안에도 없다. 곧 이것이 능能도 없고 소所도 없어서 내內도 아니고 외外도 아니다. 그러나 제명상諸名相으로부터 벗어났기 때문에 억지로 열반涅槃이라고 이름하는 것을 말한다.
승조에 대한 보다 자세한 분석은 김주경의 연구(「승조의 연구」, 동국대 박사학위논문, 1998)를 참고하기 바란다. 한편 승조의 『조론』은 후대 선종에 커다란 영향을 미쳤다. 송찬우는 이러한 부분을 자세하게 번역하였다(『조론肇論』, 경서원, 2009).
94) 구마라습은 413년에 입적하였다.
95) 고구려 요동성에서 태어나고 성장한 승랑은 구마라습의 가르침을 배우기 위해 북지로 유학하였다. 하지만 이때에 구마라습은 이미 입적한 뒤였다. 승랑은 구마라습의 가르침을 직접 배운 것이 아니라, 그를 계승한 제자들을 통해 간접적으로 배웠다고 볼 수 있다. 그렇기 때문에 승랑의 학문섭렵과정은, '원습遠習'이라는 용어로 표현되었다고 볼 수 있다. 말하자면 승랑은 중국의 북지에서 일정한 스승을 모시고 공부하지 않았다는 점을 주목할 필요가 있다고 생각된다.

승조僧肇에게서만 배운 것은 아니다. 관내에서 담영曇影으로부터도 이러한 가르침을 배운 것으로 이해된다. 다음의 사료가 참고된다.

(20) 위로부터 이래로 다만 이 이제二諦에 나아가 팔불八不을 해석하였다. 그러나 팔불은 말로는 간략하지만 뜻은 풍부하며, 의미와 이치는 심원하다. 일체의 대승경론을 전체적으로 융섭한 것으로서, 비밀스러운 가르침이 매우 깊다. 지금은 간략하게 십조十條로 요약하면서 해석하였다라고 말해진다.[97]

(21) 관내의 담영曇影은 『중론中論』의 서문序文에서 말하기를, "이 『중론』은 비록 이치가 다하지 않음이 없고 말이 다하지 않음이 없으나 그 중요한 귀의처를 통틀어서 보면 이제二諦로 회통된다. 지금 다시 옛날의 번역을 기술한 것이다"라고 하였다. 그러므로 이제二諦가 핵심적인 가르침이 된다는 사실을 알아야 함을 말한 것이다.[98]

이 당시에는 하서河西의 도랑법사道朗法師가 북량北凉의 담무참법사曇無讖法師와 함께 『열반경涅槃經』을 번역하였는데(421), 불성의佛性義를 해석하여 "바로 중도中道가 불성佛性이다"라고 하였다. 이러한 하서도랑河西道朗의 사상도 승랑은 계승한 것으로 이해된다. 다음의 사료가 참고된다.

---

96) 길장이 편찬한 『중관론소中觀論疏』 권 2의 「동이문同異門」 제 6(대정장 42, 29 중~하) 및 「동이문」 6(대정장 42, 9 중~하)에는, "周氏假名空 原出僧肇 不眞空論 論云 雖有而無 雖無而有 雖有而無 所謂非有 雖無而有 所謂非無 如此卽非 無物也 物非眞物 也 物非眞物 於何而物 肇公云 以物非眞物故 是假物 假物故 卽是空"이라고 하였다.

97) 길장이 편찬한 『중관론소中觀論疏』 권 2의 「섭법문攝法門」 제 7(대정장 42, 29 하)에는, "自上以來 都是就二諦 以釋八不 然八不 言約義豊 意深理遠 總攝一切大乘經論 甚深秘密義 今略歷約十條 以解釋之 云云"이라고 하였다.

98) 길장이 편찬한 『삼론현의三論玄義』(대정장 45, 11 하) 및 『대승현론大乘玄論』 제 3의 「불성의십문佛性義十門」(대정장 45, 35 하)에는, "關內曇影中論序云 此論雖無 理不窮 無言不眞 統其要歸 會通二諦 今環述舊譯 故知二諦 謂宗也"라고 하였다.

(22) 당시에 사문 혜숭慧嵩과 도랑道朗은 하서河西에서 독보적인 존재였다.[99]

(23) 다만 하서도랑법사河西道朗法師는 담무참법사曇無讖法師와 함께 『열반경涅槃經』을 번역하였다. 친히 삼장三藏을 계승하여 『열반의소涅槃義疏』를 지었는데, 불성의佛性義는 바로 중도中道로서 불성佛性이 된다고 해석하였다. 이후로 모든 스님들이 모두 도랑법사道朗法師의 『열반의소涅槃義疏』에 의지하여 열반을 강의하거나 불성의佛性義를 해석하였다.[100]

　지금까지 살펴본 것처럼 승랑은 고구려 국내에서 이미 순도順道와 아도阿道로부터 전해지던 불교의 다양한 경향을 두루 섭렵한 것으로 이해된다. 그 가운데에서도 특히 대표적인 것은 지둔도림支遁道林의 즉색의卽色義와 도안道安의 본무의本無義로 보인다. 즉 승랑은 요동에 있을 때부터 이미 당시 사상계의 우수한 불교에 정통하였고, 후에는 구마라습의 가르침을 원습遠習하기 위해 중국의 북지로 구법의 길을 떠난 것으로 이해된다.

　한편 일본의 안징安澄(763~814)이 편찬한 『중론소기中論疏記』에서 술의述義를 인용한 부분에는 승랑이 돈황燉煌으로까지 유학하여 담경법사曇慶法師에게 삼론三論을 배웠다고 하였다.[101] 돈황은 당시 중국의 경우 새로운 불교가 들어오는 관문에 위치하고 있다. 이것은 위에서 언급하였던 요동성이 고구려에서 차지하는 위치와도 비슷한 모습을 보이는 것으로 이해된다. 승랑이 인도불교가 서역西域

---

99) 양梁나라의 혜교慧皎가 편찬한 『고승전高僧傳』 권 2의 「담무참전曇無讖傳」(대정장 50, 336 상)에는, "時沙門慧嵩道朗 獨步河西"라고 하였다.

100) 길장이 편찬한 『대승현론大乘玄論』 권제 3의 「불성의십문佛性義十門」(대정장 45, 35 하)에는, "但河西道朗法師 與曇無讖法師 共讎涅槃經 親承三藏作涅槃義疏 釋佛性義 正以中道 爲佛性 爾後諸師 皆依朗法師義疏 得講涅槃 乃至釋佛性義"라고 하였다.

을 거쳐 중국 땅으로 보급되는 요충지인 돈황에까지 가서 담경법사로부터 삼론을 배웠다는 것이다. 그러나 이것은 승랑과 승전僧詮을 혼동한 것이라고 보았다.[102] 그런데 방학봉은 승랑이 돈황까지 유학하였을 것으로 보았다. 하지만 확실한 근거 자료를 제시한 것은 아니었다.[103] 한편 김성철과 박상수는 이러한 부분을 새로운 시각으로 검토하였다.[104] 그리고 김진순은 감숙지역의 불교문화가 중원을 거치지 않고 고구려로 바로 전래되었을 가능성을 제기하였음은 앞에서 이미 언급한 적이 있다.[105]

또한 저자는 2009년 7월 26일부터 8월 2일까지 중국의 서안과 돈황지역을 답사한 경험이 있다. 하지만 고구려 불교와 돈황지역과의 관련성 및 승랑의 돈황유학설 문제는 간단하게 결론을 내릴 수 있는 문제는 아니라고 생각된다. 이러한 부분은 좀더 많은 자료를

---

101) 안징安澄(763~814)이 편찬한 『중론소기中論疏記』에서는 술의述義를 인용하면서, "述義云 高麗國 遼東城 大朗法師 遠去燉煌郡 曇慶師所 受學三論 齊末梁始 來入攝嶺山也"(대정장 65, 22 상)라고 하거나, "述義云 昔高麗國 大朗法師 宋末齊始 往燉煌郡 曇慶法師 所學三論 而遊化諸方 乃至度江 住岡山寺 弘大乘義 乃入攝嶺 停止觀寺 (필자주 ; 문맥상 섭산 서하사를 잘못 기록한 것으로 보인다.) 行道坐禪"(대정장 65, 46 중)이라고 하였다.

102) 평정준영平井俊榮은, 『술의述義』의 저자가 길장의 『중관론소中觀論疏』의 본문에 있는 '산중법사운山中法師云'이라는 것을 해석할 때에 산중법사를 대랑大朗이라고 오해한 것으로 보면서 승랑과는 관계가 없다고 보았다(『중국반야사상사연구』, 춘추사, 1976, p.74).

103) 방학봉, 「중국 불교의 위대한 스승 승랑」 『중국을 뒤흔든 우리 선조 이야기 : 고구려 · 백제 · 신라편』, 일송북, 2004, pp.44~50.

104) 박상수, 「승랑의 삼론학과 사제설師弟說에 대한 오해와 진실 (1)」 『불교학연구』 1, 2000.
박상수, 「승랑의 삼론학과 사제설에 대한 오해와 진실(2)」 『한국불교학』 50, 2008.
김성철, 「승랑의 생애에 대한 재검토 3 -담경의 정체와 초당사의 위치, 그리고 『화엄의소』의 저술-」 『한국불교학』 50, 2008).

105) 김진순, 「5세기 고구려 고분벽화의 불교적 요소와 그 연원」 『미술사학연구』 258, 2008.

검토하면서 결론을 내릴 필요가 있다고 생각된다. 일단 승랑의 돈황유학설 문제는 다음의 연구과제로 남겨두도록 하겠다.

3. 남하 이후 활동

지금까지 살펴 보았듯이 승랑은 당시 사상계의 다양한 조류를 섭렵한 이후 남하의 길을 택한 것으로 보인다. 그의 북지에서의 구법을 당시 여러 사상에 대한 섭렵기로 이해할 수 있다면, 남하 이후는 그의 본격적인 활동기라고 보아도 좋을 것이다. 승랑의 남하 시기 및 남하 이후 유력하는 과정을 살펴 보면 아래와 같다.

(24) 북산北山의 북[106])과 남산南山의 남[107])에 있으면서 황도皇都에서 놀지 않고 삼기三紀 동안을 섭렵하였다. 양무제梁武帝는 능히 사등四等을 행할 수 있었고 삼공三空의 이치를 잘 알았는데, 여러 번에 걸쳐 글을 보내 내려올 것을 권유하였다. 하지만 승랑이 이에 응하지 않았기 때문에 천감天監 11년(512)에 승회僧懷, 혜령慧令 등 열 분의 스님을 보내 삼론三論의 대의大義를 배워 오게 하였다.[108])

(25) 산중법사山中法師(필자주 ; 승전을 가리킴)의 스승은 본래 요동 사람인데, 북지에서 삼론을 배우고 구마라습 법사의 가르침을 원습遠習하였다. 남으로 오吳 지방에 내려왔다가 종산鍾山 초당사草堂寺에 머

---

106) 북산은 남경南京의 북쪽에 있는 섭산攝山이나 종산鍾山을 가리킨다고 볼 수 있다. 「법도전法度傳」에 의하면, "당시에 법소法紹라는 사문이 있었는데 업행業行이 청고淸苦하여 제齊나라에서 법도보다도 더 알려졌다. 그러므로 당시 사람들이 '북산이성北山二聖'이라고 불렀다"라고 하였다. 이 당시에 법소는 종산 산차사山次寺(필자주 ; 후일 초당사가 됨)에 있었다.
107) 남산은 중국 절강성浙江省에 있는 회계會稽 산음山陰을 말한다.

물렀다. 이때에 은사隱士 주옹周顒을 만나서 학문을 전수하였다. 주옹은 만년에『삼종론三宗論』을 지었는데 이제二諦가 중도中道의 본체가 됨을 밝혔다.[109] 지림법사智琳法師(409~487)가 늘그막에 주옹에게『삼종론』의 출간을 권유하였다.[110] 주옹이 말하기를, "제자가 이『삼종론』을 출간한다면 많은 사람들이 의심할 것입니다"라고 하였다. 지림이 말하기를, "빈도가 옛날 소시少時에 이러한 가르침을 들었으나 현음玄音이 끊어진 지 40여년이었습니다. 단월이 이『삼종론』을 내어놓는다면 국성처자두목國城妻子頭目에게 말로 다할 수 없는 보시가 될 것입니다"[111]라고 하였다. 이에 비로소『삼종론』을 출간하였다.[112]

(26) 송조宋朝 이래로 삼론이 서로 계승하여 그것을 전공하는 스님들이 한두 분이 아니었는데, 모두 구마라습에게서 받았다. 다만 연대가 오래되고 문소文疏가 영락하여 제조齊朝 이후부터는 현강玄綱이 거의 끊어져 강남에서는 성실론成實論이 널리 성행하였고, 하북에서는 비담론毘曇論이 치우치게 숭상되었다. 이에 고려高麗의 승랑이 남제南齊

---

108) 진시중상서령陳侍中尙書令으로 있던 강총지江總持가 기록한 「섭산서하사비명攝山棲霞寺碑銘」(『금릉범찰지金陵梵刹志』 권제 4)에는, "北山之北 南山之南 不遊皇都 將涉三紀 梁武皇帝 能行四等 善悟三空 以法師累降徵書 確乎不拔 天監十一年 帝乃遣 中寺釋僧懷 靈根寺釋慧令 等十僧 詣山諮受 三論大意" 라고 하였다.
「섭산서하사비명」을 기록한 강총지는 승전僧詮 문하의 사철四哲 가운데 한 사람이었던 혜포惠布와 교분이 두터웠음으로 서하사비문을 지을 때에 승랑에 대한 전기를 쓸 수 있었다고 보았다(김잉석, 「고구려 승랑과 삼론학」『백성욱박사송수기념불교학논문집』, 1959, p.51).
109) 길장이 편찬한『중관론소中觀論疏』 권 2(대정장 42, 29 중~하)에 의하면, 주옹은 이제二諦가 중도中道를 체성體性으로 하고 있음을 새롭게 해석하고, 삼가격의三家格義를 비판하면서 '가명공假名空'으로서 반야공사상般若空思想을 밝혀내고 있다.
110) 지림법사가 주옹에게『삼종론』의 출간을 권유하는 서신을 보냈다는 사실은 「석지림전釋智琳傳」(『고승전』 8, 대정장 45, 376 상~중)에도 인용되어 있다. 그 시기는 대략 지림이 만년에 고향인 고창高昌으로 돌아가는 남제南齊의 건원建元 2년(480, 당시 지림은 72세) 무렵이었다. 지림법사는 고창 사람으로 대량大亮의 제자인데 장안에서 구법하고 대량을 따라서 강남으로 왔다.『이제의二諦義』를 지어서 삼종三種이 같지 않음을 거듭 밝혔는데, 당시에 여남汝南의 주옹이 또『삼종론』을 지었다. 이것이 지림의 뜻과 부합되었다. 이에『삼종론』의 출간을 권유하였다고 보여진다.

의 건무建武(494~497) 년간에 강남에 내려와 성실사成實師를 힐난
하니 입을 다물고 대답하지 못하였다. 이에 승랑은 삼론을 널리 펴기
시작하였다.[113]

(27) 균정均正의 『현의玄義』 10을 살펴보면, "도랑법사道朗法師가 회계會稽
의 산음山陰에 은거하여 소시少時에 설법하던 곳이 있다. 여러 법사들
이 승랑법사를 요청하므로 뒤에 섭산攝山에 왔다"라고 되어 있다.[114]

---

111) 「석지림전」에는, "이 가르침의 취지는 당신이 처음으로 연 것이 아닌 것 같습니다.
묘음妙音이 중간에 끊어진 지 67년이었습니다. 이치가 높아서 도의 풍도가 능히 전
하지를 못하였습니다. 빈도는 나이 20세 무렵일 때에 문득 외람되이 이 가르침을
얻었습니다"라고 되어 있다. 이러한 지림에게는 저서로 『이제론二諦論』과 『비담잡
심기毘曇雜心記』 등이 있고, 『십이문론十二門論』과 『중론中論』 등을 두루 주석한
것으로 보아 삼론에 많은 관심을 갖고 있었음을 알 수 있다. 지림의 스승은 도량道
亮 또는 대량大亮으로 송원가宋元嘉(424~453) 말년에 제자 지림 등 12인과 더불
어 남월南越에 추방되어 6년간 광주廣州에 머물다가 대명년간大明年間(457~464)
에 서울로 돌아오게 된다. 그의 저서로는 『성실론의소成實論義疏』 8권이 있었다
(『양고승전梁高僧傳』 7, 「석도량전釋道亮傳」, 대정장 50, 372 중).

112) 수隋의 길장吉藏(549~623)이 편찬한 『이제의二諦義』 권하(대정장 45. 108 중)에
는, "山中法師之師 本遼東人 從北地學三論 遠習什師之義 來入南吳 住鐘山草堂寺
値隱士周顒 周顒因就受學 周顒晚作三宗論 明二諦 以中道爲體 晚有智琳法師 請周顒
出三論 周顒云 弟子若出此論 恐于衆人 琳曰 貧道昔年少時 曾聞此義 玄音中絶 四
十餘載 檀越若出此論 勝國城妻子頭目布施 於是 始出此論也"라고 하였다. 이와 비
슷한 내용은 길장의 다른 저술인 『대승현론大乘玄論』 권제 1의 「이제체二諦體」 제
5(대정장 45, 19 중)에서도 언급되고 있다.

113) 당대唐代 천태종의 6조인 담연湛然(711~782)이 저술한 『법화현의석첨法華玄義釋
籤』 권제 19(대정장 33, 951 상)에는, "自宋朝已來 三論相承 其師非一 幷稟羅什 但
年代淹久 文疏零落 至齊朝已來 玄綱殆絶 江南盛弘成實 河北偏尚毘曇 於時高麗朗公
至齊建武 來至江南 難成實師 結舌無對 因茲朗公 自弘三論"이라고 하였다.

114) 안징安澄이 편찬한 『중론소기中論疏記』의 인용내용(대정장 65, 71 중)에 의하면,
"案均正玄義第十云 道朗師 隱會稽山陰 懸少時說法處 諸法師請法師 後來攝山 攝山
去楊州七十里 止觀寺(섭산 서하사를 잘못 기록한 것으로 보임) 行道乃至廣說 具如
記初卷也"라고 되어 있다. 그런데 현존하는 『사론현의四論玄義』에는 이러한 기록
이 없이 다만 "일가관하상전一家關河相傳 지고구려대량법사至高句麗大朗法師"라
고만 되어 있다고 한다. 위에서 말한 『중론소기中論疏記』의 글은 이것을 부연 해석
한 것으로 이해되고 있다(김잉석, 「고구려 승랑과 삼론학」 『백성욱박사송수기념불
교학논문집』, 1959, p.51). 그리고 위에서 언급한 관하상전關河相傳에서 하河는 하
서도랑河西道朗을 가리킨다고 볼 수 있다.

위에 제시된 사료를 전체적으로 검토해 볼 때, 승랑의 남하 시기는 양천감梁天監 11년(512)에서 삼기三紀(12×3=36, 36년 정도)를 거슬러 올라가는(512-36) 476년 무렵이 된다. 이때는 북위 효문제孝文帝 승명원년承明元年에 해당된다. 이 시기 승랑의 남하 동기를 당시 북위의 내부문제와[115] 고구려와의 대외관계 속에서 추측해보면 다음과 같이 설명될 수 있다.

승랑이 중국의 북지인 북위로 구법의 길을 떠난 이후 장수왕 54년(466) 3월에 고구려는 사신을 파견하여 북위가 요청한 고구려 왕실과의 혼인을 거절하였다. 이후 미묘한 긴장관계가 계속되었는데, 장수왕 64년(476)에 이르러 현조顯祖(북위 헌문제를 말함)가 죽음으로 해소되었다.[116] 그러므로 승랑이 북지인 북위에 있을 당시 고구려와 북위는 불편한 관계에 있었는데, 476년 무렵에 그것이 해소되면서 그는 자유로이 남하한 것으로 이해된다. 또한 그가 고구려로 귀국하지 않고 굳이 남하한 이유는 당시 북위의 종교정책을 밝힘으로써 추측해볼 수 있다.

북위는 연흥延興 2년(472)에 불교에 대한 엄중한 취체령取締令이 발표되어 승니행동僧尼行動의 자유가 규제되면서 승니僧尼들은 국

---

115) 승랑이 북지로 유학하는 시기 및 북지에 있을 당시 북위의 정세는 다음의 논문을 주로 참고하였다(이영석, 「북위 헌문, 효문제시대의 불교정책 −문명태후를 중심으로−」『경북사학』 15, 1992).

116) 『삼국사기』 장수왕 54년조 및 『위서魏書』 100의 「고구려전高句麗傳」에는, "五十四年春三月 遣使入魏朝貢 魏文明太后 以顯祖六宮未備 敎王令薦其女 王奉表云 女已出嫁 求以弟女應之 許焉 乃遣安樂王眞 尙書李敷等 至境送幣 或勸王曰 魏昔與燕婚姻 旣而伐之 由行人具知 其夷險故也 殷鑑不遠 宜以方便辭之 王遂上書稱女死 魏疑其矯詐 又遣假散騎常侍程駿 切責之 若女審死者 聽更選宗淑 王云 若天子恕其前愆 謹當奉詔 會顯祖崩 乃止"라고 하였다.
서영교는 이 당시 북위와 고구려가 서로 대립하고 있던 상황을 자세하게 검토하였다(「북위北魏 풍태후馮太后의 집권과 대對고구려 정책」『중국고대사연구』 11, 2004).

가권력에 의한 승관제도의 통제와 간섭을 받게 되었다.[117] 이러한 국가권력에 의한 승려통제는 불교계의 반발을 가져와 사문 혜은慧隱의 반란(473)과[118] 사문 법수法秀의 반란(475)[119]으로 이어지게 된다. 특히 법수의 반란에는 한족漢族과 호족胡族의 지식계급 및 관리로서 연루된 자가 1,000여인이었다. 당시 북위 조정에서는 사문을 모두 살해해야 한다는 극단적인 주장도 대두하지만 비교적 관용을 베푸는 것으로 마무리되었다.[120] 또한 북위불교는 왕주교종王主教從의 성격을 띠는데,[121] 당시 사문통沙門統은 담요曇曜였다. 담요는 사문통으로서 북위불교의 발전에 크게 기여하지만 그의 독재적인 수완은 당시 많은 승니들로부터 반감을 사고 있었다.[122] 이러한

---

117)『위서魏書』권 7, 고조기高祖紀의 연흥延興 2년 4월 계유조癸酉條에는, "詔沙門不得去寺 浮游民間 行者仰以公文"이라고 되어 있다. 또한『위서魏書』권 114의「석노지釋老志」에는, "延興二年 夏四月 詔曰 比丘不在寺舍 游涉村落 交通姦猾 經歷年歲 今民間五五相保 不得容止 無籍之僧 精加隱括 有者送付州鎭 其在其郡 送付本曹 若爲三寶巡民敎化者 在外州維那文移 在合者都維那等印牒 然後聽行 違者加罪"라고 되어 있다.

118)『위서魏書』권 7의 고조기高祖紀 연흥延興 3년의 계축조에는, "沙門慧隱謀反 伏誅"라고 되어 있다.

119)『위서魏書』권 7의 고조기高祖紀 연흥延興 5년에는, "沙門法秀謀反 伏誅"라고 되어 있다.

120) 이영석, 앞의 논문, 1992, pp.89~90.

121) 북위불교는 국가정책에 동반된 황제권에 의해서 보호, 통제되어 왔다(이영석, 앞의 논문, 1992, p.86). 북위불교가 왕주교종王主教從의 성격을 띠게 된 근본적인 배경은 통치자의 무단전제적 성격에 동반된 정책적 문제와 깊이 관련되어 있다. 이와 관련해서는 아래의 논문을 많이 참고하였다.
이영석,「북위 태무제의 화북통일과 대불교정책」『대구사학』24, 1983.
이영석,「북위 문성제의 흥불정책에 관한 연구」『마산대학논문집』6-2, 1984.
이영석,「남북조시대 불교교단의 통제에 관한 연구 -북조의 승관제를 중심으로-」『창원대학논문집』10-1, 1988.

122) 담요는 문성제 화평和平 초년에서 효문제孝文帝 태화太和 3년까지 3대 20년간에 걸쳐 전국불교교단의 수장으로서 북위 조정과 긴밀한 유대관계를 가지면서 독자적인 수완을 발휘하여 북위불교의 발전에 기여하였다(이영석, 앞의 논문, 1992, p.78 및 p.88).

북위불교의 상황을 살피는 속에서 승랑이 남하하게 되는 동기를 간접적으로나마 추론할 수가 있다. 말하자면 승랑의 남하는 본인의 적극적인 자유의지에 의해 이루어졌다고 볼 수 있다.

한편 승랑은 남하한 이후 종산鐘山 초당사草堂寺에서 주옹을 만나 삼론을 전하였고, 후에 주옹은 지림법사의 청으로 『삼종론』을 출간하였음을 전하고 있다.[123] 그러므로 승랑이 종산 초당사에도 머물렀음을 알 수 있다. 그리고 『법화현의석첨法華玄義釋籤』에서 말한 남제의 건무년간建武年間(484~497)은 승랑이 강남에 내려온 시기가 아니라, 섭산攝山에 들어가는 시기를 가리키는 것으로 이해해야 할 것이다.[124]

우선 「서하사비명棲霞寺碑銘」에 의하면, "남제의 거사 명승소明僧紹는 자기가 살던 산을 희사하여 서하정사棲霞精舍를 짓고 법도法度에게 그곳에 머무를 것을 청하였다"라고 되어 있다. 그런데 섭산의 서하사가 창건된 것은 남제 영명永明 7년(489)이었다. 그리고 승랑이 회계 산음에서 젊은 시절에 설법하던 곳이 있었다고 하는 기록도 함께 보이고 있다.[125]

지금까지 검토한 이러한 위의 사료들을 전체적으로 종합하여 보

---

123) 김성철은 승랑이 480~484년경 초반에 강남으로 와서 담제曇濟(411~475)의 『칠종론七種論』을 독학한 것으로 보았다. 또한 480~484년경 후반에는 금릉金陵 부근의 종산鐘山 초당사草堂寺 등에서 주옹周顒을 가르쳐 『삼종론三宗論』을 저술하게 하였을 것으로 추측하였다. 그리고 482~494년경에는 경릉왕竟陵王의 초청으로 지금의 서하사栖霞寺의 전신인 오산사五山寺에서 대승에 대해 설법하였다고 보았다(「승랑의 생애에 대한 재검토 3 -담경의 정체와 초당사의 위치, 그리고 『화엄의소』의 저술-」 『한국불교학』 50, 2008, p.433을 참고). 이러한 견해는 승랑의 생애복원 및 그의 활동 상황을 밝히는데, 크게 기여할 수 있다고 생각된다.
124) 고익진, 「삼국시대 대승교학에 대한 연구」 『철학사상의 제문제』(Ⅲ), 정신문화연구원, 1985, p.79.

면, 승랑이 강남에 내려와 섭산에 머물게 되기까지의 시기와 경로
는 다음과 같이 정리된다.

승랑이 남하한 시기는 476년으로 북위 효문제孝文帝 승명원년承
明元年에 해당된다.[126] 승랑은 남하한 이후 회계會稽 산음山陰에 머
물면서 설법한 적도 있었는 듯하며, 후에 종산鐘山에 있었다. 종산
초당사草堂寺가 개창되는 시기는 480년으로 보이는데, 또한 승랑이
종산에 간 것도 480년 무렵이었을 것으로 추측된다. 혜약慧約은 17
세되던 송宋 태시太始 4년(468)에 출가하여 1기紀(12년 정도) 이상
의 기간 동안 염현剡縣의 범거사梵居寺에 있었다. 그런데 이 무렵 염
현의 현령으로 있던 남제의 중서랑中書郞 여남汝南 주옹이 종산에서
뇌차종雷次宗[127]이 살던 구관舊館에다가 초당사를 짓고 또한 산자사
山茨寺라고도 불렀다고 한다.[128] 그러므로 종산 초당사의 개창은 대

---

125) 김성철은, 490~494년 무렵에 승랑이 주옹과 함께 절강성浙江省의 회계會稽의 산
음현山陰縣으로 간 것으로 보았다. 또한 494년 무렵 주옹이 사망하자 회계의 산음
현에서 은거하였을 것으로 추측하였다(「승랑의 생애에 대한 재검토 3 -담경의 정
체와 초당사의 위치, 그리고『화엄의소』의 저술-」『한국불교학』50, 2008, p.433
을 참고). 이러한 입장은 저자와 입장을 달리하는 견해라고 볼 수 있다. 이러한 부
분에 대한 타당성 여부는 좀더 검토될 여지가 있다고 여겨진다.

126) 김성철은, 승랑이 476년 무렵에 고향인 요동을 떠나 황룡黃龍의 여러 도시를 다니
며 불교를 공부한 것으로 보았다. 특히 장안長安에서 삼론三論의 이치를 학습한 것
으로 추측하고 있다(「승랑의 생애에 대한 재검토 3 -담경의 정체와 초당사의 위치,
그리고『화엄의소』의 저술-」『한국불교학』50, 2008, p.433을 참고). 이러한 부분
도 저자와 입장을 달리하는 견해라고 볼 수 있다. 앞으로 좀더 검토될 여지가 있다
고 생각된다.

127) 뇌차종은 여산혜원廬山慧遠(334~416)의 백련사白蓮社에 가담하였던 거사이다.
백련사에는 혜원을 비롯하여 동림東林의 18현人賢이라고 일컬어지는 혜영慧永,
혜지慧持, 도생道生, 담순曇順, 혜예慧叡, 담항曇恒, 도병道昞, 담선曇詵, 도경道
敬, 불타야사佛陀耶舍, 불태발타라佛馱跋陀羅 등의 승려와 유정지劉程之, 장야張
野, 주속지周續之, 장전張詮, 종병宗炳, 뇌차종 등의 거사와 여러 명사가 참여하고
있었다(鎌田茂雄 저, 정순일 역,『중국불교사』, 경서원, 1985, pp.79~82를 참고).

략 480년(468+12) 무렵이 된다. 그렇다면 승랑은 종산에 있다가 마지막으로 섭산에 들어간 것이다. 승랑이 섭산에 들어간 시기는 남제 건무년간建武年間(494~497) 무렵이었다. 승랑이 섭산에 들어가고 난 뒤인 남제 영원(永元) 2년(500)에 법도法度(437~500)가 64세로 입적함에 승랑은 법도선사法度先師를 이어서 산사를 새롭게 다스리게 되었다. 그후 천감天監 12년(513)에는 양무제가 보낸 열 명의 승려들을 가르치면서, 승전僧詮을 제자로 삼았다. 승랑은 그후 천감 18년(519)까지도 생존해 있었을 것으로 보인다.[129] 하지만 그 이후 언제 무렵에 승랑이 입적하였는지는 구체적으로 알 수 없다. 그러나 고구려 안장왕대安藏王代(519~531)까지는 생존해 있었을 것으로 보인다. 이러한 승랑은 끝내 고구려로 귀국하지 않고 섭산에서 마지막 인생을 불태웠다고 보여진다.

최근에 소현숙은 양무제의 불교정책을 세 단계로 구분하였다.[130] 우선 제 1기는 천감년간天監年間(502~519)이다. 이 시기는 황제권에 비교적 독립적인 남조의 승단을 무제 중심구도로 재편하는 시기로서, 불서편찬과 역경 및 주해사업 등 불교의 의학적 연구

---

128) 도선道宣이 편찬한 『속고승전』 권 6의 「석혜약전釋慧約傳」(대정장 50, 468 하)에는, "宋泰始四年 是年十七 鄕之梵居寺 服勤就養 年踰一紀 齊中書郞汝南周顒爲鄕令 於鍾山雷次宗舊館 造草堂寺 亦號山茨"라고 하였다.

129) 김동화는 『고승전』에 승랑의 독립된 전기가 없는 점을 그 이유로 들고 있다. 즉 "『고승전』의 저자인 혜교慧皎(497~554)와 승랑은 같은 시대의 사람이었기 때문이다. 『고승전』은 양천감梁天監 18년에 쓰여지는데, 당시 승랑은 아직 사망하지 않았다. 그렇기 때문에 승랑에 대하여 완전한 전기를 쓸 수 없었을 것이다"라고 보았다 (「고구려시대의 불교사상」 『삼국시대의 불교사상』, 민족문화사, 1987, p.31).

130) 남조로 내려온 승랑이 활동한 시기는 주로 양무제의 활동기와 일치한다. 이러한 양무제의 불교정책과 관련해서는 아래의 논문을 주로 참고하였음을 미리 밝혀둔다.
소현숙, 「양梁 무제武帝의 불교정책」 『한국고대사탐구』 2, 2009.
소현숙, 「양무제와 동태사」 『불교학보』 54, 2009.

에 중점을 두면서 승단과 우호관계를 유지하던 시기로 보았다. 또한 이 시기에는 파불론破佛論이나 불교의 이단에 대해 황제가 주동적으로 승단을 조직해 대처하는 등 불교적 성왕인 전륜성왕으로서의 지향을 보여주고 있다고 보았다. 하지만 '백의승정白衣僧正 논쟁'에서 보듯이 승단통제에 대한 의지를 드러내 승단과 갈등을 빚기도 하였던 것으로 보았다. 이러한 시기에 양무제는 자신이 전륜성왕을 표방하는 법왕法王임을 드러내고자 하였을 것으로 보았다.

다음으로 제 2기는 불교의 의학적 작업이 대략 마무리되는 천감 말기부터 대통 원년(527) 동태사同泰寺 창건 이전까지의 시기를 설정하였다. 이 시기에는 보살계 수계와 '단주육문斷酒肉文', 그리고 계율의 정리 등을 통해 보살사상의 실천과 승단통제를 본격적으로 시도하였다고 보았다. 나아가 이 시기를 전후해 무제는 황실 성원들로부터 전륜성왕으로서 찬미되기 시작한 것으로 보았다.

그리고 제 3기는 불교적 성왕인 전륜성왕으로서 이미지 작업이 본격화되는 단계로, 동태사 창건 이후부터 죽음에 이르는 시기로 설정하였다. 이 시기에 무제의 봉불행위는 사신捨身과 법회法會 및 강경講經 또는 아육왕상 및 아육왕탑의 숭배 등으로 표현되었다는 것이다. 이러한 행사는 대부분 동태사를 중심으로 이루어지며 규모 또한 초대형으로 외면적 활동에 치중되어 있다. 이러한 제 3기에 들어오면 무제와 승려들과의 관계는 부차적인 것으로 변화되었고, 무제의 불교정책에서 주요한 대상은 수많은 사부대중이며 북조를 비롯한 외국사신과 외국승려들로까지 확대되었다고 보았다. 또한 무제의 불서 편찬 및 불경 번역 등과 관련해, 양대 고승대덕의 활동이 대부분 천감연간에 집중되어 있다는 점을 지적하였다. 나아가 이 당시 활동한 의학승들은 대부분 530년 이전에 사망하며, 이후에는 '고승전'류의 책에서 양의 의학승에 대한 언급이 거의 보이지

않는다는 사실을 지적하였다[131]

　이러한 견해를 참고해 볼 때, 요동성 출신의 고구려 승려인 승랑이 남조에서 활동하던 시대적인 분위기 및 그가 입적한 시기도 어느 정도는 밝힐 수 있을 것으로 보인다. 말하자면 승랑이 입적한 시기도 530년으로부터 멀지 않은 이전 시기로 보여진다.

　그런데 승랑이 끝내 고구려로 귀국하지 않은 원인을 다음과 같이 이해하는 경향도 있다. 즉 "고구려 국내에서의 당시 국가정책은 억불양도抑佛揚道에 있었던 까닭으로 그는 중국으로 진출하여 중국 삼론종의 비조鼻祖가 된 것이다"라고 보는 경우이다.[132] 이러한 측면을 전적으로 부정할 수는 없을 것이다. 하지만 이 당시 승랑이 고구려로 귀국하지 않은 이유는 다른 측면에서 찾아 보아야 할 것이다. 왜냐하면 이 당시에 벌써 고구려가 도교를 숭상하면서 불교를 탄압하였다는 기록은 어디에도 나타나 있지 않기 때문이다.

　한편 도교의 성립과 깊은 연관을 갖는 『태평경太平經』의 발생지역을 산동山東 지역으로부터 요동遼東 지역에 이르는 연해지역으로 보는 견해가 있다.[133] 즉 "우길于吉은 북해인北海人인데, 문둥병을 앓아 백약이 무효이었다. 그런데 백화帛和라는 신비한 약장수를 만나 『태평경』을 전수받고 병이 완치되었다는 것이다. 그후 우길은 깊은 산속에 들어가 그 책을 부연하여 170권으로 만들었다는 것이다. 이때 백화는 자字가 중리仲理로 요동 사람이었다고 전해진다. 이러한 『태평경』의 전수관계는 요동 사람인 백화帛和 → 북해北海

---

131) 소현숙, 「양 무제의 불교정책」 『한국고대사탐구』 2, 2009.
　　소현숙, 「양무제와 동태사」 『불교학보』 54, 2009.
132) 김동화, 앞의 논문, 1987, pp.25~26.
133) 정재서, 「태평경(太平經)의 성립 및 사상에 관한 시론」 『논총, 인문과학논집』 59집 1호, 이화여자대학교 한국문화연구원, 1991, pp.125~129를 참고.

고구려 승랑 연구

사람인 우길于吉 → 낭야瑯邪 사람인 궁숭宮崇으로 전해졌다고 한다. 이들 세 사람의 출신지를 통해서 『태평경』의 발생지역이 어디인가를 알 수 있다는 것이다. 또한 이러한 『태평경』이 지어진 시기는 동한東漢 무렵이었다고 한다. 한편 이러한 도교는 부록파符籙派로부터 유래한 민간도교였다고 한다. 그리고 내단학內丹學의 대표경전인 『참동계參同契』가 장백진인長白眞人의 전수로 위백양魏伯陽에 의해 이루어졌다는 전설도 있다"는 것이다. 이러한 사실로 볼 때 요동지역에 도교사상이 널리 유포되어 있었을 가능성은 충분히 있다. 또한 이러한 민간도교는 고구려 국내에도 널리 유포되어 알려졌을 가능성은 충분히 있다. 그러나 이러한 민간의 도교사상이 당시 고구려의 사상정책에까지 커다란 영향을 미쳤다고 볼 근거는 현재 찾아지지 않는다.

승랑이 끝내 고구려로 귀국하지 않았던 이유를 굳이 찾는다면, 승랑의 불교사상과 당시 고구려불교의 사상경향이 서로 달랐던 점에서 찾는 것이 보다 합리적일 것으로 보인다. 즉 당시 고구려는 대외정복사업의 성공으로 왕권이 지극히 강화되어 가던 시기였으므로, 불교경향은 대체로 북조불교의 영향을 강하게 받고 있었다. 그러므로 안장왕대에도 생존해 있었을 것으로 보이는 승랑이 고구려로 끝내 귀국하지 않은 이유가 어디에 있었는가는 무척이나 궁금하게 여겨진다. 아마도 고구려 국내의 정치상황이 그의 귀국을 주저하게 하였을지도 모를 일이다. 이러한 문제는 삼론학이 고구려 왕권과 연결될 수 있는 중도공관사상中道空觀思想으로 귀일歸一되고 있음에도 불구하고 고구려에서 뿌리를 내리지 못하고 있는 사실과도 깊은 관련이 있을 것으로 여겨진다.[134] 이러한 문제는 앞으로의 끊임없는 연구 과제로 일단 미루고자 한다.[135] 본고에서는 지금까지 살펴본 승랑의 생애를 〈표 2〉로 작성해 보았다.

<그림 없음>

<표 2> 승랑의 생애

	연대	주요내용
① 출생연대	장수왕 28년부터 50년(440~462) 사이	
② 출신지		요동성 고구려인
③ 요동성에서 성장	장수왕 28년부터 50년(440~462) 사이	북위와 긴장관계 유지
④ 요동성에서 출가	장수왕 50년(462) 이전	승랑법사라는 명덕(名德)이 고향인 요수 (遼水)를 떠나 경화(京華)에서 도(道)를 물음
⑤ 북지로 구법	장수왕 50년부터 54년(462~466)	고구려와 북위의 긴장관계 해소
⑥ 북지에서 구마라습의 가르침을 원습(遠習)함	462~466년간부터 북위 효문제 승명(承明) 원년(476)	장수왕 54년부터 64년(466~476)까지 북위와 고구려는 혼인문제로 긴장관계 고조.[136]
⑦ 남하 시기	북위 효문제 승명원년 이후(476년 무렵)	고구려와 북위의 긴장관계 해소.[137]
⑧ 회계 산음에 머무름	476년부터 480년까지	소시(少時) 설법처 ; 회계 산음에 있음.
⑨ 종산으로 옮김	480년 무렵	종산 초당사가 창건(480년 무렵), 종산에 들어감(480).
⑩ 종산에 머무름	480년부터 제건무년간(494~497), 또는 제말양시(498)	주옹에게 이제(二諦)가 중도의 본체가 됨을 가르침. 주옹은 『삼종론』을 저술.
⑪ 섭산에 들어감	제건무년간(494~497) 또는 제말양시(498)	섭산 서하사 창건(남제 영명 7년, 489)
⑫ 섭산을 물려받음	남제 영원(永元) 2년(500)	법도선사(法度先師)를 계승, 산사를 다스림.
⑬ 제자들에게 신삼론을 가르침	양(梁) 천감(天監) 12년(513)부터	양무제가 보낸 열명의 승려를 가르침. 승전(僧詮)을 제자로 삼음

---

134) 『일본서기』의 기록에 의하면, 고구려의 안장왕과 안원왕은 시해된 것으로 보인다. 특히 안원왕 말년에는 추군麤群과 세군細群 사이의 극심한 대립을 겪으면서, 고구려가 커다란 내분에 휩싸이는 모습을 보이고 있다. 그렇다면 이러한 내분이 일어날 수 있는 분위기는 이미 안장왕대에 조성되고 있었을 수 있다. 이러한 고구려 국내의 정치적인 상황 속에서 승랑은 고구려로 끝내 귀국하지 못한 것으로 볼 수도 있다. 이와 관련해서는 저자의 논문이 참고된다(「안원왕·양원왕대 정치변동과 고구려 불교계 동향」『한국고대사연구』45, 2007).

135) 고구려 불교사상사의 대체적인 흐름은 삼론종의 승랑→지론종의 의연→열반종의 보덕으로 전개된다고 볼 수 있다. 고구려불교사상사가 이러한 방향으로 전개되어 나가는 이유가 어디에 있었는지는 다음의 연구에서 보다 구체적으로 밝혀볼 계획이다.

⑭ 혜교의 『고승전』에 실림	양 천감 18년(519)	독립된 전기가 없는 것은 아직 입적하지 않았기 때문. 이때까지도 생존.
⑮ 입적연대	530년 이전 시기[138]	안장왕대(519~531)까지 생존해 있었을 것으로 추측.

그런데 최근 김성철은 승랑의 생애를 다양한 측면에서 새롭게 복원하는 연구성과를 꾸준히 발표하였다.[139] 이러한 연구성과를 토대로, 석길암은 승랑의 생몰 연대를 대략 440년경~530년 사이로 추정하였다.[140] 미세한 차이는 약간 있지만, 전체적인 틀에서는 저자가 작성한 〈표 2〉와 크게 다르지 않다고 생각된다. 앞으로 김성철이 제시한 승랑의 생애 복원 내용을 저자가 작성한 위의 〈표 2〉와 서로 비교하면서 검토해나간다면, 조만간 승랑의 생애가 완벽하게 복원될 날이 있을 것이라는 희망적인 기대를 가져본다. 다음의 연구에서는 이러한 부분을 보다 더 구체적으로 정리할 기회를 갖고자 한다.

---

136) 이 당시 북위에서는 승관제도를 실시하면서, 승니들을 통제하였다.
137) 476년에 북위 효문제가 폭붕暴崩하면서, 고구려와 북위의 긴장관계는 해소되었다. 서영교는 이러한 측면을 당시 고구려와 북위가 서로 대립하고 있었던 전반적인 상황을 살피면서 자세하게 검토하였다(「북위北魏 풍태후馮太后의 집권과 대對고구려 정책」『중국고대사연구』 11, 2004).
138) 소현숙, 「양 무제의 불교정책」『한국고대사탐구』 2, 2009를 참고.
139) 김성철, 「승랑의 생애에 대한 재검토 1」『한국불교학』 40, 2005.
김성철, 「승랑의 생애에 대한 재검토 2」『보조사상』 23, 2005.
김성철, 「승랑의 생애에 대한 재검토 3 -담경의 정체와 초당사의 위치, 그리고 『화엄의소』의 저술-」『한국불교학』 50, 2008.
140) 석길암, 「승랑의 중국불교사상사적 지위 -불교 중국화의 일시점-」『불교연구』 22, 2005, p.170을 참고.

Ⅲ. 삼론학의 계보와 승랑의 사자관계(師資關係)

　　지금까지 승랑의 생애와 활동을 전반적으로 검토하였다. 이를 통해, 승랑은 중국불교사에서 신삼론사상을 확립한 인물로 주목된다는 사실도 밝힐 수 있었다. 지금부터는 이러한 승랑에 의해 형성된 신삼론학의 계보와 계승관계를 중심으로 검토해 보고자 한다.

　　승랑이 남하하기 이전에도 이미 장안의 고삼론古三論은 강남에 전파되어 있었다. 이러한 장안 고삼론의 강남전파는 남방의 여산廬山을 중심으로 373년경 형성된 혜원慧遠(334~416)으로부터 비롯된다.[141] 이러한 혜원의 교단 이외에 장안 고삼론의 강남 이식에 최대 경로가 된 것은 구마라습의 문하로 있던 승도僧導의 남하(418)이다.[142] 구마라습이 입적(413)한 뒤에 후진後秦은 동진東晉의 장군 유유劉裕(후일 송무제가 됨)의 공격을 받아 멸망하고(417), 곧 이어 장안은 다시 하夏를 세운 흉노의 무열제武烈帝 혁련발발赫連勃勃에게 점거되었다(418). 이때에 장안의 불교계는 심한 박해를 받게 된

---

141) 평정준영平井俊榮, 앞의 책, 1976, pp.148~153 및 고익진, 앞의 논문, 1985, p.80.

다. 이에 승도僧導는 수백인을 데리고 남조의 유송劉宋으로 내려왔는데 송무제宋武帝의 두터운 존경을 받았다. 그러나 승도僧導가 펼친 구마라습의 교학은 삼론과 성실론을 함께 학습하는 것이었다고 평가되고 있다.[143]

후일 고구려 출신의 승랑은 북지에서 구마라습의 가르침을 원습遠習하고 남하하여 기존의 사상계를 파척하였다. 이러한 승랑의 사자관계師資關係 및 삼론학의 계보에 대해서는 그동안 많은 학자들의 논쟁이 있었다. 본고에서는 승랑의 사자관계 및 삼론학의 계보문제를 정리하면서, 나름대로 새롭게 계보를 정리해 보고자 한다.

옛날부터 7대상승설이 있었다. 7대상승설은 일본의 응연凝然(1240~1321)이 편찬한 『팔종강요八宗綱要』 권하의 「내전진로장內典塵露章」에 서술되어 있는데,[144] 구체적은 내용은 대체로 다음과 같

---

142) 승도僧導는 구마라습이 번역한 하리발마訶梨跋摩의 『성실론成實論』 10권에 대한 최초의 주석가였으며 그의 문하에서 많은 성실학자가 나왔는데, 이들은 수춘계壽春係 성실학파라고 불려진다. 이들은 창성계彰城係 성실학파로 불려지는 승숭계僧嵩係와 함께 그 당시 두 계열의 성실학파를 형성하였다. 이후 강남은 성실론 연구의 압도적인 융성을 가져와 송, 제 이후 강남불교의 대세를 결정하게 되었다. 또한 승도는 최초로 『성실론의소成實三論義疏』를 짓기도 하였다(平井俊榮, 앞의 책, 1976, pp.164~169).

143) 구마라습은 동진東晉 의희義熙 9년(413)에 입적하였다. 그런데 그후 4년 뒤(417)에 유유劉裕가 관중關中을 침입하였고, 다음해(418)에는 혁련발발赫連勃勃이 장안을 깨트렸다. 이후로 관내關內는 전진前秦, 후진後秦, 서진西秦, 후위後魏의 전쟁으로 인하여 병화가 자주 일어나면서 이름난 승려들은 사방으로 흩어지게 되었다. 이때에 창성彰城으로 간 승려로는 도융道融, 승숭僧嵩이 있었고, 수춘壽春으로 간 승려로는 승도僧導가 있었으며, 산림에 숨은 승려로는 담영曇影이 있었다(탕용동湯用彤, 「섭산지삼론종사략고攝山之三論宗史略考」『삼론종지발전급기사상三論宗之發展及其思想』, 대승문화출판사, 1978, p.84).

144) 응연凝然, 『팔종강요八宗綱要』「내전진로장內典塵露章」 및 「제종요의집諸宗要義集」, 대일본불교전서大日本佛教全書 29권. 박상수, 「승랑의 삼론학과 사제설에 대한 오해와 진실(2)」『한국불교학』50, 2008, p.231을 참고.

다. ① 구마라습, ② 도생道生, ③ 담제曇濟, ④ 도랑道朗, ⑤ 승전僧詮, ⑥ 법랑法朗, ⑦ 길장吉藏이라는 것이다.[145]

그러나 이러한 7대상승설이 갖고 있는 문제점을 지적하면서 8대상승설이 나오기도 하였다.[146] 즉 도랑道朗은 승랑의 잘못이며, 승랑은 법도法度의 제자이다. 법도는 또한 승연僧淵의 제자인데, 승연은 구마라습 문하인 승숭僧嵩의 제자라는 점에 착안하여 ① 구마라습鳩摩羅什, ② 승숭僧嵩, ③ 승연僧淵, ④ 법도法度, ⑤ 승랑僧朗, ⑥ 승전僧詮, ⑦ 법랑法朗, ⑧ 길장吉藏으로 계승된다는 것이다. 그러나 여기에서 말한 법도法度는 북위에서의 법도法度 또는 담도曇度와 혼동한 것이며, '승숭僧嵩 → 승연僧淵'이라는 계보는 서주徐州 창성계彰城係 성실학파의 열조列祖로서 삼론학의 사상계보로는 도저히 받아들일 수 없고, 또한 '구마라습 → 승숭僧嵩'의 사자관계도 근거가 박약한 것이라는 지적이 나오면서 부정되고 있다.[147]

---

145) 그런데 전전혜운前田慧雲(1857~1930)에 의해 '도생 → 담제'로 계승되는 전승은 어떠한 근거도 없다고 하면서 무시되었다고 한다. 대신에 그 자리는 승조僧肇와 도융道融으로 대체되었다. 그 이후부터 승랑의 스승이라는 담제법사는 부정적으로 인식되었다고 한다(『삼론종강요三論宗綱要』, 병오출판사丙午出版社, 1920, pp.48~67 ; 박상수, 「승랑의 삼론학과 사제설에 대한 오해와 진실(2)」『한국불교학』50, 2008, p.231에서 재인용).

146) 이러한 입장은 경야황양境野黃洋, 『지나불교사강화支那佛教史講話』권하(공립사, 동경), 1927, p.52에 있는 내용으로 김잉석의 논문에서 재인용하였다. 이처럼 7대상승설을 부정하고 8대상승설을 주장하는 경야황양의 입장은 그대로 국내학자들에게도 수용되었다. 김잉석은 "승랑은 법도法度의 제자임이 분명하고 담제曇濟에게서 수학한 것이 아님은 확실하다"라고 하였다. 또한 구마라습이 입적한 이후 승도僧導 계통이 삼론 연구에서 가장 중요한 위치를 차지하였다는 점을 강조하였다(김잉석, 「고구려 승랑과 삼론학」『백성욱박사송수기념불교학논문집』, 1959, p.47). 그러나 본문에서 이미 살펴보았듯이 승도僧導 계통의 삼론학은 성실成實과 삼론을 함께 학습하였기 때문에 승랑과 직접 연결된다고 보기는 어렵다.

147) 평정준영平井俊榮, 앞의 책, 1976, p.61 및 p.250.

한편으로는 6대상승설이 나오기도 하였다.[148] 즉 승랑이 도생道生과 담제曇濟 및 법도法度로부터 삼론사상을 배웠다는 근거가 없다는 것이다. 이에 여기에서는 도생과 담제를 빼버리고 다음과 같은 계보를 제시하기도 한다. 즉 ① 구마라습, ② 승예僧叡와 승조僧肇, ③ 승랑, ④ 승전, ⑤ 법랑, ⑥ 길장으로 이어진다고 보았다.

그러나 이미 승랑이 중국의 북지에서 구법할 때에 승예와 승조 및 담영과 담제 등으로부터 구마라습의 가르침을 원습遠習하였음을 살펴 보았다.

한편 7대상승설에서 도생道生(?~434)을 넣은 이유는 다음과 같은 이유 때문일 것이다. 도생은 중국의 북지에서 강남으로 가장 먼저 내려간 사람(401년경 남하)인데 일찍이 입적하였다. 그러므로 그와 담제曇濟와의 사자관계는 보이지 않으며 특히 승랑과의 연결점도 찾아지지 않는다. 그러나 승랑이 고구려로부터 중국의 북지에 가서 일정한 스승을 모시고 공부한 것은 아니었다는 점을 주목할 필요가 있다. 그렇기 때문에 승랑의 사상섭렵기는 구마라습의 가르침을 원습遠習하였다고 계속 설명되고 있다는 점이다. 그렇다면 도생을 칠대상승설에서 빼어내야 할 필요는 굳이 없다고 생각된다. 추측컨데 도생이 먼저 남하하였고 이후에 승랑도 남하한 사실에 주목하여 7대상승설에서는 도생을 계보에 넣은 것으로 이해된다.

또한 도생은 돈오불성제의頓悟佛性諸義를 설하여 열반사상에 가까운 인물로 이해되고 있다. 그렇기 때문에 당시 사람들이 도생을 '열반성涅槃聖'이라고 불렀다는 사실과 함께 그가 지은 저술 가운

---

148) 인순印順, 「삼론종사략三論宗史略」, 장만도張曼濤 주편主編, 『삼론종지발전급기사상三論宗之發展及其思想』, 대승문화출판사, 1978, pp.9~16.

데에 또한 삼론장소三論章疏는 없다고 하여 그를 계보에 넣기를 꺼리는 경우도 있다.[149] 그러나 도생의 저서에 『이제론二諦論』이 있는 것으로 보아 그가 삼론과 무관하였다고만은 볼 수 없다고 생각된다. 또한 담제曇濟는 승예僧叡가 당시의 격의불교格義佛敎를 비판한 것을 종합하여 『육종칠가론六家七宗論』을 지었음은 이미 앞에서 살펴보았다.[150]

지금까지 살펴본 승랑의 계보문제를 해결하기 위해서는 무엇보다도 길장이 삼론학의 계보를 어떻게 보았는가를 살펴보는 것이 보다 더 중요하다고 생각된다. 이미 앞에서 승랑은 관하구설關河舊說[151]을 배운 것으로 이해하였다. 즉 승랑은 관내에서 구마라습의 가르침을 계승하고 있던 승예僧叡와 담영曇影 및 승조僧肇로 이어지는 사상계보를 원습遠襲하였고, 또한 하서도랑河西道朗의 열반사상에

---

149) 탕용동湯用彤, 「섭산지삼론종사략고攝山之三論宗史略考」; 장만도張曼濤 주편主編, 『삼론종지발전급기사상三論宗之發展及其思想』, 대승문화출판사, 1978, p.78.
150) 최근에 박상수는 승도 문하의 담제와 팔숙인 도생의 제자로 돈황에 있던 담제법사가 있다는 주장을 제기하였다(「승랑의 삼론학과 사제설에 대한 오해와 진실(2)」 『한국불교학』 50, 2008, p.232를 참고). 말하자면 박상수는 같은 법명을 사용하는 두 명의 담제가 있었다는 주장을 제기한 셈이다. 이러한 주장도 나름대로의 설득력을 갖고 있다고 생각된다.
한편 김성철은 또다른 관점에서 이 부분에 대한 나름대로의 견해를 제기하였다(「승랑의 생애에 대한 재검토 3 ─담경의 정체와 초당사의 위치, 그리고 『화엄의소』의 저술─」『한국불교학』 50, 2008). 다음의 연구에서는 이러한 두 견해가 어느 정도 타당성을 갖고 있는지도 세밀하게 검토해 보도록 하겠다.
151) 승랑이 하서도랑河西道朗의 학문을 배웠음은 다음의 기록을 통해서도 알 수 있다. 즉 『법화현론法華玄論』에서는, "관하關河의 구설舊說을 인용하여 상상과 무상無常의 가르침을 증명하였다"라고 하였다. 또한 『열반경유의涅槃經遊意』에서는, "관하關河로부터 계승해서 섭령攝嶺으로 상전相傳하였다"라고 하였다. 이러한 관하구설關河舊說은 구설을 파척하는 것이 아니라 섭산의 신삼론에 대해서 상대적으로 쓰여진 말로서 오히려 전래구설傳來舊說을 존중하는 의미가 있다고 한다(김잉석, 앞의 논문, 1959, p.49).

보이는 중도불성의中道佛性義도 배운 것으로 이해하였다. 또한 이러한 관하구설關河舊說은 승랑이 승전에게 전하였음을 알 수 있다. 이것을 길장은 섭령상승攝嶺相承이라고 강조하고 있다.

또한 승전의 제자인 법랑法朗이 길장 자신에게 전한 삼론사상을 흥황조술興皇祖述이라고 하면서, 자신의 사자관계를 중요시하고 있다. 그렇다면 승랑은 구마라습이 입적한 이후 67년 동안 단절되었던 관하關河의 구설舊說을 다시 부흥시켰던 것으로 이해된다. 즉 승랑 이전을 관내고삼론關內古三論, 승랑 이후를 남방신삼론南方新三論으로 이해할 수 있다.

마지막으로 법도와 승랑의 관계를 어떻게 볼 것인가의 문제가 남는다. 국내의 입장은 대체로, "승랑이 법도의 제자임은 인정하나, 계산繼山의 제자요, 사법嗣法의 제자는 아니다"라는 입장이다.[152] 즉 법도法度는[153], "항상 안양安養에 태어나기를 바라고『무량수경無量壽經』만을 강독하였다"[154]라고 함에서 보이듯이, 그는 삼론학자가 아니라 정토원생자淨土願生者이었음을 알 수 있다는 것이다.[155] 또한 길장의 저술에서도 법도에 관한 언급이 전혀 없는 것으로 보아 승랑과 법도의 학문경향은 분명히 달랐음을 알 수 있다는 것이다.

그렇다면 승랑이 법도가 있던 섭산에 들어간 배경은 어디에 있

---

152) 김잉석, 앞의 논문, 1959, p.51.

153) 탕용동湯用彤은 당시 중국에 세 명의 법도가 있었다고 보았다(「섭산지삼론종사략고攝山之三論宗史略考」장만도張曼濤 주편主編, 『삼론종지발전급기사상三論宗之發展及其思想』, 대승문화출판사大乘文化出版社, 1978, p.79). 즉 ① 하원사何園寺 법도(『고승전』 9, 「혜륭전慧隆傳」, 대정장 50, 379 하), ② 북위의 법도(『속고승전』 6, 「도등전道登傳」, 대정장 50, 471 하~472 상), ③ 섭산의 법도가 있었다는 것이다.

154) 『고승전』 8(대정장 50, 380 하)에는, "度常願生安養 故偏講無量壽經"이라고 하였다.

었을까의 문제가 제기된다. 승랑이 법도가 있는 섭산에 들어갈 수 있었던 배경은 다음의 두 가지 사실로서 추측해 볼 수 있다. 첫 번째로는 비록 삼론으로 연결되지는 않지만, 둘 사이의 학문태도에서는 비슷한 점이 발견된다. 두 번째로는 승랑은 요동성인遼東城人이고, 법도는 황룡인黃龍人이라는 점이 주목된다.

승랑과 법도 사이의 학문태도가 서로 비슷하였음을 사료에서는 다음과 같이 설명하고 있다. 즉 승랑은 "성품이 널리 배우기를 좋아하였고, 사력思力이 넓어서 무릇 경율經律을 모두 능히 강설하였다"[156]라고 하였으며, 법도는 중경衆經을 비종備綜하였다라고 한 점이다.[157]

또한 법도는 황룡인이라고 하였는데 이때의 황룡黃龍은 북연北燕의 수도였던 용성龍城 또는 화룡성和龍城을 말한다. 법도가 태어나던 437년에 북연은 북위에게 멸망되는데, 이때에 고구려의 장수왕은 군대를 보내어 구원을 요청하는 북연왕 풍홍馮弘을 북위의 항의를 무시하고 구해낸 일이 있다. 법도는 이후 장안에 구법하고 남하하게 되는데 남하시기는 승랑과 거의 일치하고 있다. 이러한 점으로 볼 때 승랑과 법도와의 관계는 사제간이라고 보기보다는 선후배

---

155) 『무량수경無量壽經』은 당시 북조불교에서 일반적으로 유행하던 경향이었던 것으로 이해된다. 즉 북위의 태화太和 23년(499) 12월 9일에 비구 승흔僧欣은 부모 및 권속眷屬과 사승師僧을 위하여 미륵석상 일구를 만들어, 서방의 무량수불국無量壽佛國에 태어나기를 빌고, 용화수龍華樹 아래에서 3회의 설법을 듣고 인간의 후왕손후王孫으로 하생하여 대보살과 함께 한 곳에 태어나기를 빌고 있었다(총본선융塚本善隆, 「지나정토교支那淨土敎의 전개展開」『지나불교사연구支那佛敎史研究 북위편北魏篇」, 청수홍문당(淸水弘文堂), 1942, p.618을 참고).

156) 『고승전』 8(대정장 50, 380 하)의 「법도전」에는 승랑의 학문경향을 설명하면서, "爲性廣學 思力該普 凡厥經律皆能講說"이라고 하였다.

157) 『고승전』 8(대정장 50, 380 하)의 「법도전」에는, "釋法度 黃龍人 少出家 遊學北土 備綜衆經而專之 苦節成務 宋末遊于京師"라고 하였다.

로 이해해도 무난할 것이다.

본고에서는 지금까지 제기되어온 승랑의 사자관계 및 삼론학의 계보문제를 다양한 시각에서 검토해 보았다. 하지만 2000년 이후에 계속 제기되고 있는 다양한 논의들을 모두 세밀하게 검토하지는 못하였다. 최근 계속 논의되고 있는 계보문제를 전반적으로 재검토하면서 승랑의 사자관계 및 삼론학의 계보문제를 새로운 시각에서 다시 한번 정리할 필요도 있다고 생각된다.

하지만 이러한 부분은 일단 다음의 과제로 미루고자 한다. 우선 본고에서는, 7대상승설이 대체로 옳다고 보면서 지금까지 검토한 내용을 중심으로 나름대로의 계보를 새롭게 작성하여 보았다. 부족한 부분이 있다면 많은 질정을 바라면서, 아래에 삼론종의 계보도를 제시하였다.

〈삼론종의 계보 1〉 구마라습에 이르기까지[158]

(제1대) 용수龍樹 → (제2대) 제파提婆 → (제3대)라후라다羅候羅多 → (제4대) 청목青目 → (제5대) 사군왕자沙軍王子인 수리야소마須利耶蘇摩 → (제6대) 구마라습

---

158) 박상수도 삼론학의 계보도를 작성하였다(「삼론학파 원류계보源流系譜」『삼론현의』, 소명출판, 2009, pp.45~49). 저자가 작성한 계보도와 함께 비교 검토한다면, 보다 충실한 계보도가 작성될 수 있을 것으로 여겨진다. 이러한 부분은 다음의 연구에서 다시 검토할 기회를 갖고자 한다.

〈삼론종의 계보 2〉 구마라습으로부터 길장 이후까지

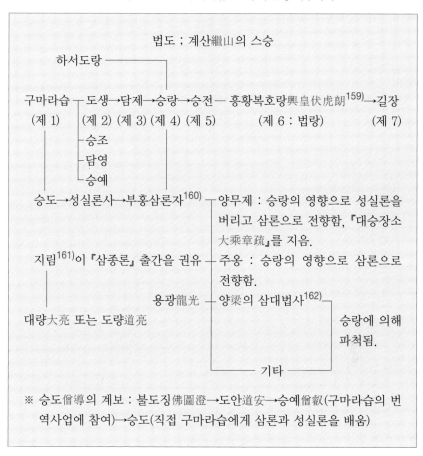

※ 승도僧導의 계보 : 불도징佛圖澄→도안道安→승예僧叡(구마라습의 번
   역사업에 참여)→승도(직접 구마라습에게 삼론과 성실론을 배움)

---

159) 『법화현의석첨法華玄義釋籤』 권 19(대정장 33, 951 상)에는, "興皇伏虎朗(法朗擅
    辯才 居興皇寺) 棲霞得義布(最得義詮公 居棲霞寺) 長干令悟辨(最領悟玄旨 居長干
    寺) 禪衆文章勇(最善文章勇 大禪衆寺)"이라고 하였다.
160) 부홍삼론자附弘三論者는 성실론과 삼론을 함께 공부했던 부류를 의미한다.
161) 지림은 만년에 『이제론二諦論』을 저술하였다.
162) 양梁의 삼대법사는 개선사 지장과 장엄사의 승민 및 광택사의 법운을 말한다.

〈삼론종의 계보 3〉 길장 이후의 계보

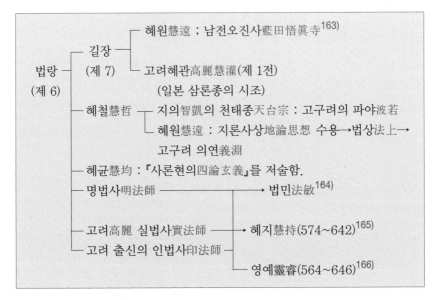

〈삼론종의 계보 4〉 혜관 이후 일본 삼론종의 계보

고려혜관高麗慧灌(제1전, 일본 삼론종의 시조)→복량福亮 오지장吳智藏
(제2전)→도자道慈(제3전)
　　　→선의善義 ; 대안사大安寺에 주석. 대안사파.
　　　→ 지광智光→ 영예靈睿 ; 원흥사파元興寺派.
　　　→ 후에 성보법사聖寶法師가 내량奈良에 동남원東南院
　　　을 지음.
　　　대안사파와 원흥사파를 융합하고 삼론학을 부흥시키려 함.
　　　성보법사가 입적하면서, 법맥이 끊어짐.

163) 『속고승전』 11, 「석길장전釋吉藏傳」(대정장 50, 514 하).
164) 『속고승전』 15, 「석법민전釋法敏傳」(대정장 50, 538 중∼539 상).
165) 『속고승전』 14, 「석혜지전釋慧持傳」(대정장 50, 537 하∼538 상).
166) 『속고승전』 15, 「석승영예전釋僧靈睿傳」(대정장 50, 539 하∼540 상).

IV. 승랑의 신삼론사상

1. 신삼론의 실천론

지금까지 승랑의 생애와 활동 및 삼론학에서의 위치 및 계보를 정리해 보았다. 그러한 과정에서 승랑은 북지구법을 통해서 구마라습의 가르침을 원습遠襲한 뒤에 남하한 것으로 이해하였다. 또한 승랑은 남하한 이후에도 황도皇都에서 놀지 않고 회계會稽 산음山陰과 종산鐘山 초당사草堂寺 등을 삼기三紀(12×3=36년)동안 섭렵하다가 건무연간建武年間(494~497) 또는 제말양시齊末梁始(498)에 섭산에 들어간 것으로 보았다. 승랑이 섭산에 들어가고 얼마 지나지 않은 시기인 남제南齊 영원永元 2년(500)에 선사先師인 법도法度(437~500)가 섭산에서 입적함에 그를 계승해서 산사를 새롭게 다스렸다는 측면도 검토하였다. 이때부터 승랑은 섭산대사攝山大師 또는 섭령대사攝嶺大師라고 불리웠으며, 산문상승山門相承 또는 섭령상승攝嶺相承이라고 전해지는 신삼론사상新三論思想[167]을 펴기 시작하였다는 점을 구체적으로 정리하였다.

지금부터 본고에서는 관점을 달리하여, 승랑의 신삼론사상이 추구하는 바가 파사현정破邪顯正의 구현이었다는 점[168]을 중심으로 하여 그의 남하 이후의 활동을 실천적인 측면에서 살펴보고자 한다. 그리고 이러한 활동에서 주목되는 것은 당시 중국 남북조의 편협된 사상계를 모두 비판하고 부정하면서, 당시 사상계의 조류를 아우를 수 있는 새로운 통합의 논리로 신삼론사상을 내세웠다는 점을 제시하고자 한다.

이미 앞에서 승랑이 종산 초당사에서 주옹을 가르쳤고, 후에 주옹은 지림법사의 권유로 『삼종론三宗論』을 출간하였음을 살펴보았다. 이러한 주옹의 『삼종론』 출간이 당시 중국 불교사상계에 미친 여파는 매우 컸던 것으로 보인다. 아래의 자료가 참고된다.

(28) 섭산의 고려 승랑대사는 본시 요동성 사람인데 북토로부터 구마라습의 가르침을 원습遠習하였다. 남토에 내려와서는 종산 초당사에 머물렀다. 이때에 은사 주옹을 만났다. 이에 주옹은 승랑법사에게 나아가 학문을 배웠다. 다음에 양무제는 삼보三寶를 공경하고 신앙하였는데 승랑대사가 왔다는 소문을 듣고 승정僧正인 지적智寂 등 열 명의 스님을 파견하여 섭산에서 학문을 배워오게 하였다. 또한 양무제는 승랑의 가르침을 터득하고는 본래의 성실론을 버리고 대승에 의지하여

---

167) 승랑 이전은 고삼론古三論이고 이후는 신삼론新三論이다. 즉 체계적인 조직과 변증적인 논리가 없었던 관하상전關河相傳은 고삼론이고, 섭령흥황攝嶺興皇, 산문상승山門相承은 신삼론이다. 이렇게 볼 때, 승랑의 사상을 기점으로 하여 길장이 완성시킨 것을 신삼론이라고 하며, 구마라습으로부터 승랑 이전까지의 성실론적인 대승의 공사상空思想은 고삼론이라고 할 수 있다(김잉석, 앞의 논문, 1959, pp.48~49 및 유병덕, 「승랑과 삼론사상」『숭산박길진박사화갑기념 한국불교사상사』, 1975, pp.41~42).

168) 승랑의 신삼론사상에서 강조하는 파사현정의 강조는 용수의 실천론을 계승하는 것으로 이해된다. 즉 용수는 유부학자有部學者인 법승法勝의 유견有見과 하리발마訶梨跋摩의 무견無見을 파척하고 있다(『삼론현의三論玄義』「현정제이顯正第二」, 대정장 45, 6 중). 이러한 파사현정의 강조는 이후 한국불교사에서 끊임없이 제기되는 중요한 문제 중의 하나로 계승되어 나가게 된다.

『장소章疏』를 저술하였다. 개선開善도 또한 이러한 가르침을 들었는데, 말은 얻었으나 의미는 터득하지 못하였다. 지금 가르침에는 제삼제第三諦가 있다.

하지만 개선에게는 제삼제第三諦가 없다. 개선은 리理를 제諦로 삼았지만, 승랑은 교敎를 제諦로 하였다. 개선은 이제二諦를 천연天然의 리理라고 하였다. 하지만 지금 밝혀보면 오직 실제實諦는 하나이지만 방편으로 두 가지를 설하는 것이다. 이것은 마치 오직 일승인데 방편으로 세 가지를 설하는 것과 같다. 그러므로 말이 다르다.[169]

위의 기록에서는 중국 남조사회의 불교사상계에 승랑이 새로운 바람을 불러 일으키고 있음을 상세하게 밝히고 있다. 그런데 섭산의 「서하사비명棲霞寺碑銘」에 의하면, "양무제가 승랑에게 여러번 편지를 보내어 불렀으나 확호불발確乎不拔함에 천감天監 11년(512)에 중사中寺의 석승회釋僧懷와 영근사靈根寺의 석혜령釋慧令 등 열명의 승려를[170] 보내어 삼론의 큰 가르침을 받아오게 하였다"라고

---

169) 길장의 『대승현론大乘玄論』 권제 1, 「이제체二諦體」 제 5(대정장 45, 19 중)에는, "攝山高麗朗大師 本是遼東城人 從北土遠習羅什師義 來入南土 住鐘山草堂寺 値隱士周顒 周顒因就師學 次梁武帝 敬信三寶 聞大師來 遣僧正智寂十師 往山受學 梁武天子 得師意捨本成論 依大乘作章疏 開善亦聞此義 得語不得意 今意有第三諦 彼無第三諦 彼以理爲諦 今以敎爲諦 彼以二諦爲天然之理 今明 唯一實諦 方便說二 如唯一乘方便說三 故言異" 라고 하였다.

170) 양무제가 승랑에게 보낸 열 명의 승려가 누구였는지를 모두 전하는 기록은 현재 없다. 또한 전하는 내용도 기록마다 약간씩의 차이를 보이고 있다. 길장의 저술인 『대승현론大乘玄論』과 『이제의二諦義』에는 승정僧正인 지적智寂이 보이고 있다. 한편 「서하사비문棲霞寺碑文」에는 중사中寺의 승려인 석승회釋僧懷와 영근사靈根寺의 혜령慧令이 보인다. 그리고 『법화현의석첨法華玄義釋籤』에는 지관전止觀詮만이 보이고 있다. 그리고 안징安澄이 편찬한 『중론소기中論疏記』에서 인용한 『술의述義』에는 지적智寂만이 보일 뿐이다. 이것을 종합하여 보면 당시 섭산에 파견된 열명의 승려로서, ① 승정僧正인 지적智寂, ② 중사中寺의 승려인 석승회釋僧懷, ③ 영근사靈根寺의 혜령慧令, ④ 지관전止觀詮 등 네 사람은 파악이 되지만 나머지 여섯 사람은 누구인지 알 수 없게 되어 있다.

한다. 그러나 그들 가운데에서 "9인은 다만 아희兒戱가 되었고 오직 지관전止觀詮만이 학문을 익히고 성취하게 되어" 승랑의 학문을 계승시켜 나가게 되었다.

이 당시 승랑이 중국 남조의 불교사상계에 미친 영향은 대체로 다음과 같이 요약된다. 승랑의 신삼론사상은 처음에 성실成實과 비담毘曇을 배우고 있던 양무제로 하여금 소승을 버리고 대승으로 돌아서게 하였다. 또한 당시 양梁의 삼대법사三大法師로 알려진 개선開善에게도 영향을 미쳤던 것이다. 그러나 개선開善은 이제시리二諦是理를 주장하는 성실론사로서 승랑의 사상을 제대로 전수받지 못하였다. 즉 "개선開善은 이때에 비록 섭산에 들어가지는 않았으나 또한 이러한 가르침을 들었기 때문에 중도中道를 이제二諦의 체體라고 하였다. 그러나 이미 음지音旨를 친승親承하지 못하였기 때문에 논의를 세운 것이 어그러지고 편벽되어서 도리어 진제眞諦를 본체體라고 하였다. 이제 밝혀보면 비진비속非眞非俗이 곧 이제二諦의 본체體가 되고 진속眞俗이 용用이 되는 것이다"라고 하여 당시 사상계의 한계가 지적되고 있다.

한편 당시 사상계의 풍토는 다음과 같이 설명되고 있다. 당시 하북河北에서는 유有를 밝히는 비담毘曇이 치우치게 유행하였고 강남에서는 성실론成實論이 성행하였다. 하지만 비담毘曇은 무아無我의 경지는 체득하였으나 법유성法有性에 집착하고 가유假有에 미혹되어 유有에 집착하고 있었다. 그리고 성실론成實論은 아我와 법法의 두 가지가 공空함을 모두 밝혔지만, 그것을 밝힘이 미진하여 공空을 설할 뿐 사견邪見만 늘어 모두 불교의 참된 뜻을 잃고 있었다고 평가되고 있다.[171]

이러한 당시 사상계의 문제점을 직시하고 승랑은 이에 과감하게 비판을 가한 것으로 이해된다. 이러한 승랑의 업적에 대해서 담연

湛然은 다음과 같이 평가하고 있다.

(29) 송조宋朝(420~479) 이래로 삼론이 상승하여 그것을 계승한 스님이 한 두명이 아니었지만, 모두 구마라습에게서 받았다. 다만 년대가 오래되고 문소文疏가 영락하여 제조齊朝(479~501) 이래로 현강玄綱이 거의 끊어져 강남에서는 성실成實이 널리 성행하고 하북에서는 비담毘曇이 지나치게 숭상되었다. 이에 고려 출신의 승랑 스님이 남제 건무(建武) 년간에 강남으로 내려와 성실사成實師를 힐난하니 입을 다물고 대답하지 못하였다. 이에 승랑은 삼론을 널리 알리기 시작하였다. (중략) 그러므로 남종南宗은 처음에 성실成實이 널리 알려져 있었으나, 후에는 삼론이 숭상되었음을 알 수 있다.[172]

위의 기록에서 알 수 있는 것처럼, 승랑은 강남으로 내려와 섭산에 들어간 이후부터[173] 당시의 사상풍토를 비판하면서 자신의 신삼론사상을 펴나가기 시작하였다.

---

171) 박종홍, 「고구려 승랑의 인식방법론과 본체론」 『한국사상사』(서문문고), 1972, p.38.
172) 담연이 편찬한 『법화현의석첨法華玄義釋籤』 권제 19(대정장 33, 951 상)에는, "自宋朝已來 三論相承 其師非一 幷稟羅什 但年代久遠 文疏零落 至齊朝已來 玄綱殆絶 江南盛弘成實 河北偏尙毘曇 於時高麗朗公 至齊建武 來至江南 難成實師 結舌無對 因茲朗公 自弘三論 (중략) 故知 南宗初弘成實 後尙三論" 이라고 하였다.
173) 승랑이 섭산에 들어간 이후로 하산한 적은 없는 것으로 보인다. 그러나 은거라고 보기는 힘들다고 생각된다. 우선 섭산은 남조의 수도였던 황도皇都와 그렇게 멀리 떨어져 있는 곳은 아니었다고 보여지기 때문이다. 즉, "섭산은 중국 강소성에 있는데, 남경南京으로부터 동북으로 40리에 위치한 산이다. 산수가 아름다와서 천하의 사절四絶이라고 일컬어지는 유명한 산으로, 높이는 겨우 130장丈으로 조그마한 산에 불과하다. 산에는 약초가 많아서 섭생攝生하기에 좋았기 때문에 섭산이라는 이름을 얻었다고 한다. 그 산의 중간 봉우리 기슭에 서하사棲霞寺가 있다"는 것이다 (平井俊榮, 앞의 책, 1976, p.244). 이러한 사실로 볼 때, 승랑이 비록 섭산에서 내려오지는 않았다고 하더라도 그의 사상이 당시 사상계에 미친 영향은 적지 않았다고 보아야 할 것이다. 승랑은 종산에서 주옹에게 자신의 사상을 전수하여 이것이 후일 양무제에게 영향을 미쳤다. 또한 양梁의 삼대법사 가운데 한사람인 개선開善도 승랑의 영향을 받고 있었다는 점은 주목되어야 할 것이다.

삼론은 구자龜玆 출신의 구마라습(344~413)이 후진後秦 홍시弘始 3년(401) 중국의 관내關內에 들어와 대품大品 및 소품반야小品般若 등의 초기 대승경전과 이에 입각한 용수龍樹(150~250) 계통의 『중관론소中觀論疏』를 전역專譯한 것에서도, 특히 용수의 『중론中論』 4권(409년 번역)과 『십이문론十二門論』 1권(409년 번역) 및 제바提婆(170~270)의 『백론百論』 2권(404년 번역)의 세 권을 말한다. 때로는 사론四論이라고 하여 『대지도론大智度論』(100권)을 넣기도 한다. 그러나 승랑 이후의 신삼론에서는 『대지도론』을 빼버리고 삼론이라고만 일컬었다. 이와 관련해서는 다음의 사료가 참고된다.

> (30) 질문 : 이미 사론四論이 있는데 무엇 때문에 항상 삼론이라고만 일컫는가?
> 대답 : 하나 하나의 논論은 각각 세 가지의 뜻을 갖추었으니 첫 번째는 파사破邪이고, 두 번째는 현정顯正이며, 세 번째는 언교言教이다.[174]

위에 제시된 자료를 통해서도 알 수 있듯이, 승랑의 삼론학에서 가장 중요시한 것은 외도外道 등의 무리를 파사破邪하는 것과 중도中道로 귀일歸一하도록 현정顯正하는 것과 함께 언교言教임을 알 수 있다. 이러한 내용에서 파사와 현정이 실천적 측면으로써 본체론이라면, 언교는 이론적 측면에 해당하는 방법론이라고 할 수 있다. 이러한 파사현정破邪顯正의 실천에 의해서 기존사상계의 대표적인 경향들이 단계적으로 파척되어 나가게 된다. 즉 도교道教는 외도外道로서 파척되고 비담毘曇과 성실成實은 소승이라고 하여 파척된다.

---

174) 길장이 편찬한 『삼론현의三論玄義』(대정장 45, 12 하)에는, "問旣有四論 何故常稱三論耶 答一一論 各具三義 一破邪 二顯正 三言教"라고 하였다.

이러한 측면은 좀더 나아가면 대승의 집착까지도 파척하는 이론적 근거를 제시하는 것이다.

본고에서는 길장의 대표적 저술인 『삼론현의三論玄義』를 중심으로 파사현정의 구현과정을 검토하고자 한다. 또한 다음 장에서는 파사현정을 이루어가게 하는 방법론으로서 언교言敎의 전개과정을 다루어보고자 한다.

삼론에서는 파사와 현정의 목적을 다음과 같이 설명하고 있다. 즉 파사는 고해苦海에 빠져있는 중생을 구원하는 것이 목적이며, 현정은 위로 대법大法을 널리펴는 것으로 이해하고 있다. 다음의 사료가 참고된다.

> (31) 다만 논論은 비록 세 가지가 있지만 의義는 오직 두 개의 수레바퀴일 뿐이다. 첫 번째는 현정이고, 두 번째는 파사이다. 파사는 아래로 고해苦海의 침륜浸淪을 구제하는 것이고, 현정은 위로 대법大法을 널리 펴는 것이다.[175]

위의 자료를 통해 알 수 있듯이, 삼론에서는 파사와 현정을 강조하고 있다. 또한 삼론에서 파척하고자 하는 것은 대략 네 가지이니 ① 외도, ② 비담, ③ 성실, ④ 대승의 집착이다. 우선 외도는 이공二空을 깨닫지 못하였다는 측면에서 비판된다.[176]

다음으로 비담은 살파다부薩婆多部를 말하는데, 유有를 밝혀서 이미 무아無我는 얻었으나 법유성法有性에 집착하였다. 그리하여 아

---

175) 길장의 『삼론현의三論玄義』(대정장 45, 1 상)에서는, "但論雖有三 義有二轍 一曰顯正 二曰破邪 破邪則下拯沈淪 顯正則上弘大法"이라고 하였다.
176) 길장의 『삼론현의三論玄義』(대정장 45, 2 상~중)에는, 승조僧肇와 구마라습이 도가서道家書를 비판한 내용을 싣고 있다. 이를 통해 도교가 외도인 이유를 밝히면서, 도교의 깊이가 불교보다 못한 측면을 구체적으로 밝히고 있다.

비담인阿毘曇人은 다만 견유見有(보이는 유)만을 밝혔기 때문에 스스로 본종本宗을 미혹되게 하였다는 측면에서 비판되었다.[177] 그러므로 『열반경涅槃經』에 의하면, 비담의 부류는 비록 속유俗有는 알았지만 진공眞空을 깨닫지 못하여 이미 진공眞空에 미혹되고 또한 속유俗有를 미혹시켰다고 하였다. 그렇기 때문에 진眞과 속俗의 두 가지가 모두 어그러지게 되었다고 비판하였다.[178]

다음으로 성실成實에서도 공空을 밝혔다. 공空에는 소승공小乘空과 대승공大乘空이 있는데, 소승공으로는 『아비달마구사론阿毘達磨俱舍論』과 『섭대승론攝大乘論』이 있으며 대승공에는 방등方等이 있다고 하였다.[179] 대표적인 성실론자로는 불멸후 900년에 활동한 하리발마訶梨跋摩가 있었는데, 본래 살파다부薩婆多部 구마라타鳩摩羅陀의 제자였다고 전해진다.[180] 이러한 『성실론』은 하리발마가 지었는데,[181] 이공二空을 모두 밝혔지만 완벽하게 조명하지는 못하였다고 하여 길장에 의해 파척되고 있다.[182] 이러한 『성실론』은 구마라

---

177) 길장의 『삼론현의三論玄義』(대정장 45, 2 중)의 「파척破斥」 2의 범유십문凡有十門에서는 비담이 소승임을 열 가지로 구분하면서 밝히고 있다. ① 괴지도乖至道, ② 부중견扶衆見, ③ 위대교偉大教, ④ 수소전守小筌, ⑤ 미자종迷自宗, ⑥ 무본신無本信, ⑦ 유편집有偏執, ⑧ 비학본非學本, ⑨ 폐진언幣眞言, ⑩ 상원지喪圓旨. 구체적인 내용은 박상수, 『삼론현의』(소명출판, 2009, pp.104~116)에 자세하게 번역되어 있다.

178) 길장의 『삼론현의三論玄義』(대정장 45, 3 중)에는, "涅槃經云 毘曇之流 雖知俗有 不悟眞空 旣惑眞空 亦迷俗有 是故眞俗二俱并喪"이라고 하였다.

179) 길장의 『삼론현의三論玄義』(대정장 45, 3 중)에는, "涅槃經云 成實辨空 空有俱攝 斯二爲小 方等稱大"라고 하였다.

180) 길장의 『삼론현의三論玄義』(대정장 45, 3 중)에는, "成實論者 佛滅度後 九百年內 有訶梨跋摩"라고 하였다.

181) 길장의 『삼론현의』(대정장 45, 3 하)에는, "成實論者 佛滅度後 八百九十年 罽賓小乘學者之匠 鳩摩羅陀 上足弟子 訶梨跋摩之所造也"라고 하였다.

182) 길장의 『삼론현의』(대정장 45, 1 상)에는, "跋摩具辨二空 而照猶未盡"이라고 하였다.

습이 번역하고 승예僧叡가 강론하게 되면서 중국에도 알려지게 되었다.[183]

『성실론』이 중국에 전해지면서부터 이미 그것이 소승이냐 대승이냐의 논쟁이 있었다. 『성실론』을 대승이라고도 하고 소승이라고도 하는 이유는 다음과 같이 설명된다.

(32) 질문 : 『성실론』은 소승의 논인가? 대승인가? 아니면 대승과 소승을 포함하였는가?
대답 : 어떤 사람은 대승이라고 하였다. 또 어떤 사람은 소승이라고 하였다. 또 다른 사람은 대승과 소승을 모두 밝혔는데, 소승으로 해석하였음으로 대승과 소승을 모두 포함하였다고 하였다.[184]

그런데 『삼론현의』에서는 다시 『성실론』이 대승이 아니고 소승인 이유를 열 가지로 밝히고 있다.[185] 이에 의하면 『성실론』은 다만 성문공聲聞空을 밝힌 것으로 용수대사龍樹大師가 터득한 것은 아니었던 것으로 평가되었다.[186] 이와 같은 성실成實과 비담毘曇이 갖고

---

183) 길장의 『삼론현의』(대정장 45, 3 하)에는, 본문의 내용을 설명하고 있다. 그러면서도 동시에, "或有人言 此論明於滅諦 與大乘均致 羅什聞而歎曰 秦人之無深識 何乃至此乎 吾每疑其普信大乘者 當知悟不由中 而迷可識矣"라고 하면서 『성실론』의 한계를 구마라습이 탄식하였다는 사실도 전하고 있다.
184) 길장의 『삼론현의』「파척제이파척제二」(대정장 45, 3 하)에는, "問成實爲是小乘之論 爲是大乘 爲含大小 答有人言 是大乘也 有人言 是小乘 有人言 探大乘意以釋小乘 具含大小"라고 하였다.
185) 『삼론현의』에서는 아래와 같은 10가지 이유를 들면서, 『성실론』이 소승인 이유를 밝히고 있다. ① 구서증舊序證, ② 의논징依論徵, ③ 무대문無大文, ④ 유조례有條例, ⑤ 미본종迷本宗, ⑥ 분대소分大小, ⑦ 격우강格愚降, ⑧ 무상즉無相卽, ⑨ 상해행傷解行, ⑩ 검세인檢世人. 구체적인 내용은 박상수, 『삼론현의』(소명출판, 2009, pp.120~136)에 자세하게 번역되어 있다.
186) 길장의 『삼론현의』(대정장 45, 4 중)에는, "成實所明 旦是聲聞空 非大士所得耳"라고 하였다.

있는 사상의 한계를 길장은, "성실과 비담은 각각 공空과 유有에 집착하고 서로 배척하여 도道를 막고 삿된 견해를 더하였으니 모두 부처님의 근본취지를 잃어버린 것이다"[187]라고 설명하고 있다.

지금까지는 외도와 비담 및 성실을 파척하여 왔는데, 더 나아가서는 대승의 집착도 또한 질책하고 있다. 즉, "대승은 이에 구경究竟이라고 말하지만, 다만 경계에 집착하여 미혹하게 되었다"[188]라고 하였음이 주목된다. 이를 통해 지금까지 파척하여 왔던 외도와 비담 및 발마拔摩뿐만 아니라 대승을 사종계급四種階級이라고 하면서 안팎으로 거두어서 파척하고 있는 것이다. 즉 "이로부터 외도와 비담 및 성실과 대승을 파척하여 가고 있는 것이다"[189]라고 하였다.

본고는 지금까지 신삼론에서 외도와 소승 및 대승을 사종계급四種階級으로 나눈 뒤에 순차적으로 파척하여 가는 과정을 살펴보았다. 승랑으로부터 비롯하는 신삼론사상에서 강조하고 있는 파사현정破邪顯正의 활동이 추구하고자 하였던 것은 정법正法의 구현이었다. 이러한 정법이 국가의 통치이념으로 수용될 때에 그것은 보편성을 가지고 다양한 양상으로 나타나는 국가의 문제를 하나로 통합시켜 나가게 되는 국가통치의 논리를 제시하게 되는 것이다. 또한 이러한 통치의 논리는 당시 끊일 사이없이 계속되던 전쟁을 종식시키고 정법에 의한 통치를 가져와 평화가 오기를 고대하던 당시의 현실문제와도 무관할 수 없었을 것이라고 보여진다. 그러므로 이러

---

187) 길장의 『삼론현의』(대정장 45, 4 하)에는, "成實毘曇 各執空有 互相排斥障道增見 皆失佛旨也"라고 하였다.
188) 길장의 『삼론현의』(대정장 45, 4 상)에는, "大乘乃言究境 旦封執成迷 自淺至深"이라고 하였다.
189) 길장의 『삼론현의』「현정顯正」제 2(대정장 45, 6 중)에는, "自上已來 破外道毘曇 成實大乘"이라고 하였다.

고구려 승랑 연구

한 사상이 고구려에 전해져 고구려 왕권과 연결될 때 '공空'을 기반으로 한 중도공관사상中道空觀思想은 왕실을 중심으로 한 통합사상으로 이해되었다고 보아도 좋을 것이다.[190]

2. 이제(二諦)의 새로운 해석

지금까지 삼론의 파사현정이 갖는 당시의 사상적인 의미를 살펴보았다. 또한 이러한 삼론이 고구려에 전해졌을 때 고구려불교와는 어떤 연계성을 가지는지도 살펴보았다.

지금부터는 유소득有所得의 사상이라고 할 수 있는 성실成實을 파척하면서 무소득無所得의 신삼론사상이 어떻게 구현되어 나가는지를 살펴보고자 한다.

이러한 점은 실천에 앞서 제기되는 이론의 문제 및 방법론의 문제와도 깊은 관련을 갖는다고 할 수 있다. 본고에서는 고구려의 승랑이 언교言教를 제諦로 삼아서 논리를 전개시켜 나가는 이유가 어디에 있었는가를 이제시교론二諦是教論과 삼종이제설三種二諦說로 나누어 살펴보고자 한다. 이러한 분석을 통해 승랑의 신삼론사상이 추구하고자 했던 당시 사상계에 대한 파사현정破邪顯正의 구현과정具顯過程을 구체적으로 살필 수 있을 것이다. 또한 이러한 측면은 신삼론 사상의 주요 논리가 다음 단계로 넘어가고자 할 때에도 기본적이고 중요한 대전제가 되는 것이기 때문에, 그것이 갖고 있는

---

190) 김두진, 「고대인의 신앙과 불교사상」 『한국사』 2, 국사편찬위원회, 1984, pp.308~310.

의미는 매우 중요하다고 할 수 있다.

1) 이제시교론(二諦是敎論)

이제二諦의 연원은 『중론中論』「사제품四諦品」에서 말한, "모든 부처님들은 이제二諦에 의지하여 중생을 위해 법을 설한다. 첫 번째는 세속제世俗諦이고, 두 번째는 제일의제第一義諦이다"라고 한 것에서부터 비롯된다. 이러한 이제二諦는 다음과 같이 규정되고 있다.

> (33) 일체의 모든 법은 자성이 공空하지만 세간에서는 전도顚倒하여 유有라고 하고, 세간에서는 진실이 됨으로 세제世諦라고 이름한다. 모든 현성賢聖들은 전도된 성품이 공함을 참으로 알아 성인聖人에게는 이것이 진실이 되니 제일의제第一義諦라고 이름한다.[191]

위에 제시된 내용을 통해, 유有와 무無의 이제二諦는 세제世諦 또는 속제俗諦인 범제凡諦와 진제眞諦 또는 공제空諦인 제일의제第一義諦로 구성됨을 알 수 있다. 또한 이러한 이제二諦가 중요한 이유는, 그것이 교敎이기 때문임을 다음과 같이 설명하고 있다. 즉 유와 무의 이제二諦는 교敎(가르침)일 뿐이라는 것이다. 심지어는 이제二諦를 잘 밝혔기 때문에 수많은 경전들이 모두 이해된다[192]라고 하면서 이제二諦의 중요성이 강조되고 있다. 다음의 사료가 참고된다.

---

191) 길장의 『이제의二諦義』 권상(대정장 45, 78 중)에는, "一切諸法性空 而世間顚倒爲有 於世間是實 名爲世諦 諸賢聖眞知 顚倒性空 於聖人是實 名第一義諦"라고 하였다.
192) 길장의 『이제의二諦義』 권상(대정장 45, 78 상)에는, "二諦若明故 衆經皆了也"라고 하였다.

(34) 『중론中論』에 의하면, "모든 부처님은 이제二諦에 의지하여 중생을 위해 법을 설한다"라고 하였다. 그리고 『백론百論』에 의하면, "모든 부처님은 항상 이제二諦에 의지하니, 이러한 두 가지는 실제로 망령된 말이 아니다"라고 하였다. 또한 『대품경大品經』에 의하면, "보살은 이제중도二諦中道에 머무르면서 중생을 위하여 법을 설한다"라고 하였다. 『열반경涅槃經』에 의하면, "세제世諦가 곧바로 제일의제第一義諦이지만 중생의 근기에 수순隨順하기 때문에 설함에 이제二諦가 있는 것이다"라고 하였다. (지금까지 살펴본 여러) 경전에서 이제二諦가 교敎임을 밝혔다. 그러므로 지금 삼론에서도 이제가 교임을 밝힌 것이다.[193]

위의 자료에서 고구려의 승랑이 언교言敎를 제諦로 삼은 까닭은 『성실론』을 함께 학습하고 있던 당시의 학승들이 이제二諦를 '경境'이나 '리理'로 삼는 견해를 갖고 있는 점을 파척하기 위해서였다. 양梁의 삼대법사로 알려진 당시의 성실론사들은 모두 이체를 '경'이나 '리'로 보았던 것이다.[194] 그러나 이제二諦를 '경'이나 '리'로 보는 견해는 달로써 달을 가리키는 것으로, 이른바 '이월지월以月指月'의 견해로 실제 불가능하다는 것이라고 하였다. 이러한 견해는 체용이 상반되어 가르침은 있어도 진리는 없는, 이른바 '유교무리

---

193) 길장의 『이제의』 권상(대정장 45, 86 중)에는, "中論云 諸佛依二諦 爲衆生說法 百論亦爾 諸佛常依二諦 是以皆實 不妄言也 大品經云 菩薩住二諦中 爲衆生說法 又涅槃經云 世諦卽第一義諦 隨順衆生故 說有二諦 以經明二諦 是敎故 今一家 明二諦是敎也"라고 하였다.

194) 길장의 『대승현론大乘玄論』 권제 1(대정장 45, 15 상)에 의하면, 양의 삼대법사로 알려진 당시의 승려들은 모두 약리이제설約理二諦說을 주장하였다고 한다. 즉, 개선사開善寺의 지장智藏은 이제二諦는 법성法性의 지귀旨歸요, 일진불이一眞不二의 극리極理라고 하였다. 그리고 장엄사莊嚴寺의 승민僧旻은 이제二諦는 거혹祛惑의 승경勝境이요, 입도入道의 실진實津이라고 하였다. 마지막으로 광택사光宅寺의 법운法雲은 이제二諦는 성교聖敎의 요천遙泉이요, 영지靈智의 연부淵府이다라고 하였다.

有敎無理'에 머무르는 것이라고 비판하였다. 이와 관련해서는 아래의 자료가 참고된다.

(35) 섭령흥황攝嶺興皇은 무엇 때문에 언교言敎로써 제諦를 삼았는가? 거기에는 깊은 뜻이 있으니, 유래한 것은 리理를 제諦로 삼았기 때문에 대연對緣하여 가설假說한 것이다.[195]

위에 제시한 자료를 통해 알 수 있듯이, 당시의 성실론사들은 진리를 불생리경不生理境이라고 하였다.[196] 그러나 이러한 약리이제설約理二諦說에서는 이제二諦의 상즉相卽이 있을 수 없게 되어버리는 한계를 갖게 된다. 이러한 이들의 주장은 다음과 같이 파척되고 있다.

(36) 다른 사람들은 이제二諦를 '경境'이라고 하거나, '리理'라고도 한다. (또는) '일一'이라고 하거나, '이二'라고도 한다.[197]
(37) 이제二諦를 간략히 하면 상즉의相卽義가 있다. 그러나 다른 사람들은 이제二諦를 양리양경兩理兩境이라고 밝혔다.[198]

위의 자료에 의하면, 양의 성실론사들은 대체로 약리이제설을 주장하였다. 하지만 이러한 주장을 비판하면서, 고구려의 승랑은 "이제二諦는 언교言敎의 통전通詮이며, 상대相待의 가칭假稱이다. 허적虛寂의 묘실妙實이고 중도中道를 궁구한 지극한 호칭이다. 그러므

---

195) 길장의 『대승현론』 권제 1(대정장 45, 15 상)에는, "問 攝嶺興皇 何以言敎 爲諦也 答 其有深意 爲對由來 以理爲諦 故對緣假說"이라고 하였다.
196) 길장의 『대승현론』 권제 2(대정장 45, 25 하)에는, "如成實論師云 眞理明不生理境 也"라고 하였다.
197) 길장의 『대승현론』 권제 1(대정장 45, 22 상)에는, "他人 二諦 定境 定理 定一 定 二"라고 하였다.
198) 길장의 『이제의二諦義』 권하(대정장 45, 107 상)에는, "次是 更簡二諦 相卽義 然他 家 明二諦 是兩理兩境"이라고 하였다.

로 이제는 오직 교문敎門일 뿐으로 경리境理와는 아무런 상관이 없다"[199]라고 하였다. 이처럼 승랑은 성실사의 이제시리설二諦是理說인 약리이제설約理二諦說을 파척하고 이제二諦는 오직 교敎임을 주장하였다.

이렇게 이제二諦가 교문敎門임을 밝힌 기원은 물론 승랑이 처음은 아니었다. 승랑이 이제二諦를 배운 것은 관내關內의 담영법사曇影法師로부터였다. 또한 중국 남조南朝의 경우, 이제시리론二諦是敎論을 처음으로 제기한 사람은 광주廣州의 대량법사大亮法師이다.

승랑이 북지에서 이제시교론二諦是敎論을 배우고 남하하였는데, 당시 남조 불교계에서도 이미 이제시리설二諦是理說을 극복하려는 움직임이 있었던 것이다. 대량大亮은 성실론자로 보이는데 후에 이제二諦에 대한 새로운 해석을 시도한 것으로 이해된다. 이러한 대량의 제자인 지림智琳은 『이제론二諦論』과 『삼종론三宗論』을 지었다. 그런데 후에 주옹이 『삼종론』을 지었다는 소식을 듣고, 그에게 『삼종론』의 출간을 권유하였다는 사실은 이미 앞에서 살펴본 것과 같다. 승랑의 이제시교론이 누구의 영향을 받으면서 형성되었는지는 아래의 자료를 통해서 구체적으로 알 수 있다.

> (38) 관내關內의 담영曇影은 『중론中論』의 서문에서 말하기를, "이 논은 비록 리理가 다하지 않음이 없고 말이 다하지 않음이 없다. 하지만 그 중요한 귀취歸趣를 통괄統括하면 이제二諦로 회통會通된다"라고 하였다.[200]

---

199) 길장의 『대승현론』 권제 1(대정장 45, 15 상)에는, "二諦者 蓋是言敎之通詮 相待之假稱 虛寂之妙實 窮中道之極號 故二諦唯是敎門 不關境理"라고 하였다.

200) 길장의 『삼론현의』(대정장 45, 11 하)에는, "關內 曇影 中論序云 此論雖無理不窮無言不盡 統其要歸 會統二諦"라고 하였다.

(39) 광주廣州의 대량법사大亮法師에 의하면, 언교言教를 제諦라고 정하였으니 이제 다른 사람들과는 같지 않았다.[201]

(40) 광주의 대량도 이제의二諦義를 해석하였는데, 또한 이제二諦가 교문教門임을 밝혔다.[202]

위의 기록을 통해 알 수 있듯이, 이제시교론은 승랑 이전부터 있었음을 알 수 있다.[203] 하지만 신삼론종에서 이제二諦를 교教라고 보는 이제시교론二諦是教論은 고구려의 승랑으로부터 비롯한 것임을 알 수 있다. 이렇게 승랑이 이제시교론을 주장한 이유는, 손가락으로 달을 가리키는 것과 같은 '이지지월以指指月'이기 때문에, 체용이 상즉하면서도 그 속에 가르침도 있고 진리도 있는 '유교유리有教有理'라고 할 수 있는 것이다. 이러한 부분은 다음과 같이 설명되고 있다.

(41) 이제二諦가 교教라는 가르침 ; 섭령흥황攝嶺興皇 이래로 모두가 이제二諦는 교教임을 밝혔다. 산중사山中師(승랑의 제자인 승전을 말함)의 『수본이제소手本二諦疏』에서 말한 내용의 핵심은, "이제二諦라는 것은 중도中道의 미묘한 가르침을 드러낸 것으로, 문언文言의 지극한 설명을 다한 것이다. 도道는 유무有無가 아니며, 유무에 의지해서 도

---

201) 길장의 『대승현론』 권제 1(대정장 45, 15 상)에는, "若依廣州大亮法師 定以言教爲諦 今不同此等諸師"라고 하였다.

202) 길장의 『이제의』 권상(대정장 45, 90 상)에는, "廣州大高 釋二諦義 亦辨二諦 是教門也"라고 하였다.

203) 김성철은 길장이 광주 대량법사의 이제의를 제시한 이유를 다른 측면에서 검토하였다. 말하자면 승랑이 광주 대량법사의 이제의를 계승한 것이 아니라고 본 것이다. 길장은 광주 대량법사의 이제의를 제시하면서, 이러한 주장이 승랑의 이제의보다 수준이 낮다고 보았다는 것이다(「신삼론新三論 약교이제설約教二諦說의 연원에 대한 재검토」 『한국불교학』 45, 2006). 김성철의 견해가 타당하다면, 승랑이 제기한 이제의의 독창성은 더욱더 부각된다고 할 수 있다. 이러한 측면은 다음의 연구에서 좀더 구체적으로 검토해 보도록 하겠다.

道로 드러나는 것이다. 리理는 일一과 이二가 아니며, 일一과 이二를 인연으로 하여 리理를 밝히는 것이다. 그러므로 이제二諦가 교敎임을 아는 것이다.[204]

(42) 산중흥황화상山中興皇和上은 섭령대랑사攝嶺大朗師의 말을 조술하여 이제二諦는 교敎라고 하였다. 섭령대사는 대연척병對緣斥病하고 이견二見의 뿌리를 뽑아서 유무有無의 두 가지 집착을 버리게 하고자 하였기 때문에 유有와 무無를 설하여 능히 불이不二의 리理와 통하게 하였다. 유有와 무無는 필경이 아니다. 마땅히 유有와 무無에 머무르지 말아야 하는 것이니, 유有와 무無는 교敎이기 때문이다.[205]

(43) 가명假名으로 유有를 설함이 세제世諦이며, 가명으로 공空을 설함이 진제眞諦이다. 이미 가유假有를 밝혔으니 비유非有에 즉卽하면 유有가 된다. 또한 이미 가공假空을 밝혔으니 비공非空에 즉하면 공이 된다.[206]

지금까지 살펴본 것처럼, 고구려의 승랑이 이제二諦를 교敎라고 한 까닭은 진속불이중도眞俗不二中道로 나아가기 위해서임을 알 수 있다. 그런데 승랑으로부터 비롯하는 이제시교론二諦是敎論은 삼론에서 가장 먼저 배워야 할 초장初章이라고 강조된다. 또한 이제시교론은 이후 삼론학이 중도공관中道空觀 및 불성佛性과 열반涅槃의 문제로까지 전개되어 가는데 있어서도 계속해서 파사현정破邪顯正의 역할을 하는 것이다. 그러므로 이제시교론을 어떻게 정의할 것인가

---

204) 길장의 『이제의』 권상(대정장 45, 86 상~중)에는, "二諦是敎義 攝嶺興皇已來 竝明 二諦是敎 所以山中師 手本二諦疏云 二諦者 乃是表中道之妙敎 窮文言之極說 道非 有無 寄有無以顯道 理非一二 因一二以 明理故知 二諦是敎也"라고 되어 있다.

205) 길장의 『대승현론』 권제 1(대정장 45, 22 하)에는, "山中興皇和上 述攝嶺大朗師言 二諦是敎 攝嶺大師 對緣斥病 欲拔二見之根令捨 有無兩執故 說有無 能通不二理 有 無非是畢竟 不應住有無中 有無爲敎"라고 하였다.

206) 길장의 『대승현론』 권제 1(대정장 45, 22 상)에는, "假名說有 爲世諦 假名說空 爲 眞諦 旣明假有 卽非有爲有 旣明假空 卽非空爲空"이라고 하였다.

의 문제는 승랑으로부터 비롯하는 신삼론에서 대단히 중요한 과제
가 된다. 승랑이 이제二諦를 교教라고 한 이유 및 삼론에서 규정하
고 있는 이제시교론은 다음과 같이 요약될 수 있다.

(44) 질문 : 섭산대사는 무엇 때문에 이제二諦를 교教라고 하였습니까?
대답 : 모름지기 이러한 의미를 깊이 터득해야 한다. 정도正道는 일
찍이 진속眞俗이 아니었으나 중생을 위하였기 때문에 진속이라는 이
름을 지어서 설명하였다. 그러므로 진속을 교教로 하는 것이다. 이것
은 정도를 바라보는 것을 말한 것이다. 둘째는 유래한 이제二諦의
(잘못된) 견해를 뽑아 버리고자 하였기 때문에 이제를 밝혀 교教라고
하였다.[207]

(45) 유有는 가히 유일 수가 없으며, 무無는 가히 무일 수가 없다. 유有가
가히 유일 수가 없는 것은 무無로 말미암았기 때문에 유有이며, 무無
가 무일 수가 없는 것은 유有로 말미암았기 때문에 무이다. 무無로 말
미암았기 때문에 유가 있고 이러한 유有는 스스로 유하지 못한다. 유
有로 말미암았기 때문에 무無가 있으며, 이러한 무는 스스로 무하지
못한다. 스스로 유有하는 것은 유하지 못함으로 이것이 무無가 유有
한 것이요, 스스로 무함은 무하지 못함으로 이것이 유가 무한 것이다.
그러므로 무가 유한 것은 불유不有이고 유가 무한 것은 불무不無이
다. 이러한 유와 무는 불유무不有無를 드러내는 것이다. 그러므로 교
문教門이라고 이름하는 것이니, 리理 안에 리교理教가 있는 까닭이
다. 일가一家의 초장初章은 바야흐로 이와 같이 삼론을 배워야한다
고 말한 것이니, 반드시 모름지기 앞에서 이 말을 터득하여야 한다.
무슨 의도로 초장初章이라고 이름하는가? 초장이라는 것은 배우는
사람에게 있어서 장문章門의 처음이기 때문에 초장이라고 말하는 것
이다. 이러한 말은 『십지경十地經』 제 1권에서 나왔다.[208]

---

207) 길장의 『중관론소中觀論疏』 권제 2의 「동이문同異門」 제 6(대정장 42, 28 하)에
는, "問 攝山大師 何故以二諦爲教也 答 須深得此意 正道未曾眞俗 爲衆生故 作眞俗
名說 故以眞俗爲教 此是望正道爲言也 二者 拔由來二諦之見 故明二諦爲教"라고 하
였다.

위의 자료를 통해 알 수 있듯이, 승랑의 삼론학에서 이제二諦를 교문教門이라고 하는 까닭은 다섯 가지 정도로 요약된다. 첫 번째는 리理를 이제二諦라고 밝히는 잘못된 견해를 치료하기 위하여 이제二諦가 교教임을 밝힌 것이다. 두 번째는 성인체聖人體를 바라볼 때에 유무有無는 아직 유무가 아닌데, 이제 유무라고 설명한 것은 교기인 연教起因緣이 되기 때문에 유有와 무無는 교教가 되는 것이다. 세 번째는 종래의 잘못된 견해를 뽑아버리기 위해서이다. 구의舊義에서는 유무有無가 리理라고 집착하였는데 이렇게 생각한 유래가 매우 오래되었다. 곧 잘못된 이견二見의 뿌리가 깊어서 갑자기 뽑아버리기가 어려웠다. 그러므로 섭령대사攝嶺大師는 대연척병對緣斥病하면서, 이견二見의 뿌리를 뽑아 버리고 유무有無의 두 가지 집착을 버리게 하고자 하였기 때문이다. 네 번째는 유무有無가 이러한 모든 잘못된 견해의 뿌리가 되기 때문이다. 다섯 번째는 교教를 받은 무리가 유무有無는 교教임을 듣고 능히 정도正道에 통하면서도 범부를 초월하여 성인이 되도록 하고자 하였기 때문에 유무는 교라고 하였던 것이다.[209] 또한 길장은 산문상승山門相承한 삼론가의 이제설이 타가他家의 이제설과 다른 점을 열 가지로 열거하여 설명하기도 하

---

208) 길장의 『이제의』 권상(대정장 45, 89 중)에는, "無有可有 無無可無 無有可有 由無故有 無無可無 由有故無 由無故有 有不自有 由有故無 無不自無 不自有有 是無有 不自無無 是有無 無有不有 有無不無 此有無表不有無 故名爲教門 所以理內 有理教也 一家初章 言方如此 學三論者 必須前得此語 何意名初章 初章者 學者章門之初 故云初章 此語出十地經第一卷"이라고 하였다.
209) 길장의 『대승현론』 권제 1(대정장 45, 22 하~23 상)에는, "假名說有 問 何故以二諦 爲教門 答 以有無爲教 略有五義 一 對理明二諦是教 二者 望聖人體 有無未曾有無 今 說有無 此爲教緣 故有無爲教 三者 爲拔見 舊義執有無是理 由來旣久 卽二見根深難 可傾拔 攝嶺大師 對緣斥病 欲拔二見之根令 捨有無兩執故 有無爲教 四者 以有無是 諸見根 五者稟教之徒 聞有無是教 能通正道 超凡成聖 故有無是教"라고 하였다.

였다.[210)]

지금까지는 성실론사들이 이제二諦를 '경境境'이나 '리理'로 보는 잘못된 견해를 비판하면서, 이제二諦는 단지 '교敎'일 뿐이라는 이제시교론二諦是敎論을 강조하였다. 이러한 이제시교론은 다음 단계에서 어교이제설於敎二諦說과 삼종이제설三種二諦說로 나아가게 된다. 이때 삼론가에서 밝히고 있는 어교이제설의 기원은 다음과 같이 설명되고 있다.

> (46) 부처가 세상에 나와서 공空과 유有로 다투는 것을 이제二諦라고 하였다. 그러므로 공과 유는 부처가 세상에 나옴에 비로소 이제二諦라고 이름하게 되었다. 우리 삼론가에서는 이제二諦에 두 가지 종류가 있음을 밝힌다. 첫 번째는 교이제敎二諦이고, 두 번째는 어이제於二諦이다. 여래의 진실된 제諦의 말은 교이제敎二諦라고 이름한다. 유와 무라는 두 가지 종류는 정情이라고 하여 어이제於二諦라고 이름한다. 이것은 곧 정情에 나아가서 지智를 판단하는 어교이제於敎二諦이다.[211)]
>
> (47) 모든 부처님은 이제二諦에 의지하여 법을 설명한다. 그런데 이제에 의지하여 법을 설명하는 내용을 살펴 보면, 소의所依는 어제於諦이고 설법하는 능의能依는 교제敎諦이다.[212)]

---

210) 길장의 『이제의』 권상(대정장 45, 87 중~88 중)에서는 삼론가의 이제설과 타가他家의 이제설이 서로 다른 점을 열 가지로 나누어 설명하고 있다. 즉 ① 리교의理敎義, ② 유상무상의有相無相義, ③ 득무득의得無得義, ④ 리내외의理內外義, ⑤ 개복개복開覆, ⑥ 반만의滿半義, ⑦ 우자지자愚者智者, ⑧ 체용體用, ⑨ 본말本末, ⑩ 료의불료의了義不了義가 그것이다.

211) 길장의 『이제의』 권중(대정장 45, 92 하~93 상)에는, "由佛出世 辵空有爲二諦 故云空有佛出世 始名二諦也 我家明二諦有兩種 一敎二諦 二於二諦 如來誠諦之言 名敎二諦 兩種謂情 名於二諦 此則就情智 判於敎二諦也"라고 하였다.

212) 길장의 『이제의』 권상(대정장 45, 79 상)에는, "今正此一句 明依二諦說法 所謂是於諦 說法是敎諦也"라고 하였다.

위에서 말한 여래의 진실된 제諦의 말은 비유하면 달月이 된다. 또한 정情에 나아가서 지智를 판단하는 어제於諦를 밝힌 것은 부처가 세상에 나오게 된 교기연기敎起緣起를 밝히는 것이기도 하다. 여기에서 이제二諦는 소의가 되고 어제於諦가 되며 설법은 능의能依가 되고 교제敎諦가 됨을 알 수 있다.[213] 또한 어제於諦는 실失(버려야 할 것)이고 교제敎諦는 득得(얻어야 할 것)이 되는 것이다.[214] 이러한 과정을 거치면서 이제二諦의 개념은 또 다시 정립되게 된다. 즉 "모든 부처님은 이제에 의지해서 중생들에게 법을 설한다"라고 할 때, 이제二諦는 유有와 무無로서 소의이고 어제於諦가 된다. 이것은 비유하면 달을 가리키는 손가락과 같다고 할 수 있다. 또한 설법은 비유非有와 비무非無로서 능의이고 교제敎諦가 되는데, 이것은 비유하면 손가락에 의해서 가르켜진 달月이라고 할 수 있다. 즉 이제二諦가 이론적 측면이라면, 그것에 의해 구현되어야 할 실천론인 파사현정의 경지가 본래의 경지가 됨을 알 수 있는 것이다. 이와 관련해서는 다음의 사료가 참고된다.

> (48) 두 가지 종류의 이제二諦가 있다. 첫 번째는 어제於諦이고, 두 번째는 교제敎諦이다. 어제於諦는 글에서 논한 것과 같다. 제법諸法의 자성은 공空한데 세간은 전도해서 유有라고 하면서 세상 사람들에게는 이것이 진실이 되니, 그것을 이름하여 제諦라고 하는 것이다. 모든 현성賢聖은 전도를 참으로 알아 자성이 공空한 것이 성인聖人에게는 이것이 진실이 되니, 그것을 이름하여 제諦라고 하는 것이다. 이러한 것이 곧바로 두 가지의 어제於諦이다. 모든 부처는 이것에 의지하여 설하였으니 교제敎諦라고 이름하는 것이다.[215]

---

213) 길장의 『이제의』 권상(대정장 45, 79 상)에는, "所依 是於諦 說法 是敎諦也"라고 하였다. 또한 「이제의」 권상(대정장 45, 93 하)에는, "於諦者 卽是敎諦"라고 하였다.
214) 길장의 『이제의』 권중(대정장 45, 78 하)에는, "於諦是失 敎諦是得"이라고 하였다.

(49) 이제二諦에는 두 가지 종류가 있다. 첫 번째는 어이제於二諦이고 두 번째는 교이제教二諦이다. 도리는 아직 일찍이 이불이二不二가 아니지만 어於는 이연二緣이기 때문에 이제二諦가 있다. 또한 중연衆緣을 수순隨順하기 때문에 이제를 설함이 있는 것이다. 이미 어於는 중생에게 이제二諦가 있는 것으로, 중생을 수순하기 때문에 이제가 있다. 도리는 진실로 이제二諦가 없으니, 이미 이제가 없으면 무슨 물건이 즉即하고 즉하지 않음을 논하겠는가? 중생을 교화하기 때문에 이제가 있는 것이고, 또한 중생을 교화하고자 하였기 때문에 즉即과 불즉不即이 있는 것이다.[216)]

고구려의 승랑으로부터 비롯하는 신삼론에서 어교이제설於教二諦說을 주장하는 까닭은 위에서와 같이 설명된다. 이것을 삼론에서는 다른 학파에는 없는 것으로, 오직 산문상승山門相承에만 있는 것이라고 강조하고 있다. 즉 "지금 이제二諦가 있다는 것에는 두 가지 뜻이 있다. 첫 번째는 중생을 수순隨順하기 때문에 이제가 있음을 설한 것이니 곧바로 교제教諦이다. 두 번째로는 중생에 대해서於 이제가 있으니 곧바로 어제於諦이다. 그러나 어교이제於教二諦는 다른 학파에서 찾아볼 수 없는 것이니, 오직 산문상승山門相承에만 이러한 뜻이 있다"[217)]라고 하였다. 그러므로 "세상사람들이 아는 것을

---

215) 길장의 『이제의』 권상(대정장 45, 86 하)에는, "有兩種二諦 一於諦 二教諦 於諦者 如論文 諸法性空 世間顚倒謂有 於世人爲實 名之爲諦 諸賢聖 眞知顚倒 性空於聖人 是實 名之爲諦 此卽二於諦 諸佛依此而說 名爲教諦也"라고 하였다.

216) 길장의 『이제의』 권하(대정장 45, 107 상)에는, "二諦 有二種 一於二諦 二教二諦 道理未曾二不二 於二緣故有二諦 又隨順衆生 故說有二諦 旣於衆生 有二諦 隨順衆生 有二諦 道理實無二諦 旣無二諦 論何物 卽與不卽 敎化衆生故 有二諦 亦爲教化衆生 故 有卽不卽也"라고 하였다.

217) 길장의 『이제의』 권중(대정장 45, 103 중)에는, "而今有二諦者 有二義 一者 隨順衆生故 說有二諦 卽教諦 二者 於衆生有二諦 卽於諦也 然於教二諦 他家所無 唯山門相承 有此義也"라고 하였다.

세제世諦라고 이름하며, 세상을 벗어난 사람인 출세인出世人이 아는 것을 제일의제第一義諦라고 이름한다. 앞에서는 중생을 따라서隨 설하였으니, 곧바로 두 가지의 교제敎諦이다. 세世와 출세인出世人이 아는 것은 곧바로 두 가지의 어제於諦이다. 어於와 교敎에는 두 가지가 있음을 밝힌다"[218]라고 하였다. 이렇게 어교이제설於敎二諦說을 밝힘에 의해서, 우리는 구의舊義[219]에서 이제二諦는 리理라고 밝힌 것은 다만 어제於諦일 뿐이니,[220] 어제於諦를 설하는 것이 곧바로 교제敎諦가 됨을 알 수 있다는 것이다.[221] 이렇게 되면 이제二諦의 개념이 또 다시 정립되게 되는 것이다. 말하자면 모든 부처님은 소의와 어제於諦인 이제二諦에 의해 중생들에게 능의인 교제敎諦를 설법한다는 이제시교론二諦是敎論이 옳다는 사실이 또 다시 증명되는 것이다.

---

218) 길장의 『이제의』 권중(대정장 45, 103 중~하)에는, "而今有二諦者 有二義 一者 隨順衆生故 說有二諦 卽敎諦 二者 於衆生有二諦 卽於諦也 然於敎二諦 他家所無 唯山門相承 有此義也"라고 하였다.

219) 길장의 『이제의』 권중(대정장 45, 103 하)에는, "次云 世人知者 名世諦 出世人知者 名第一義諦 何意無二諦 前隨衆生說 卽二敎諦 世出世人 知卽二於諦 爲釋無二諦疑故 明於敎二種二諦也"라고 하였다.
위의 글에서 말하는 구의舊義는 외도와 비담 및 성실론을 말한다. 하지만 삼론에서 특히 파척하는 것은 성실의 이제시리설二諦是理說이므로 여기에서 강조하고자 하는 구의는 역시 성실이라고 보아야 할 것이다.

220) 길장의 『대승현론大乘玄論』 권제 1(대정장 45, 23 중)에는, "舊義 明二諦是理者 此是於諦耳"라고 하였다.

221) 길장의 『이제의』 권중(대정장 45, 92 하)에는, "敎諦 名從佛起 於諦 名亦從佛起也 兩種二諦 皆是佛敎"라고 하였다.

2) 삼종이제(三種二諦)로 전개

지금까지 살펴본 이제의 전개과정을 종합하면서, 승랑의 신삼론 사상에서는 이러한 이제二諦가 삼중 또는 사중으로 거듭되면서 삼종이제三種二諦와 사종이제四種二諦로 전개되는 과정까지 설명하게 된다. 이처럼 각 단계별로 이제의二諦義를 밝히는 까닭이 순차적으로 어떻게 전개되는지를 살펴보면 다음의 자료와 같다.

(50) 모든 법을 유有라고 말함은 범부가 말하는 유이니, 속제俗諦이며 범제凡諦이다. 현성賢聖은 모든 법의 자성이 공함을 참으로 아니, 진제眞諦이며 성제聖諦이다. 그러한 속제로부터 진제에 들어가듯이 범凡을 버리고 성聖을 취하는 것이 본래의 가르침이기 때문에, 초절初節에서는 이제의二諦義를 밝혔다.

제이중第二重에서는 유무有無가 세제世諦가 되고, 불이不二가 진제眞諦가 된다는 점을 밝혔다. 여기에서는 유有와 무無라는 두 개의 변邊을 밝혔으니, 유가 하나의 변이고 무도 하나의 변이다. 이러한 것이 상常과 무상無常 및 생사生死와 열반涅槃에 이르면, 유와 무는 모두 두 가지의 변이고 진속眞俗도 생사와 열반의 두 가지 변이 되기 때문에 세제世諦라고 이름한다. 진眞이 아니고 속俗도 아니며, 생사도 아니고 열반도 아닌 둘이 아닌 불이중도不二中道를 제일의제第一義諦라고 한다.

제삼중第三重에서 이二와 더불어 불이不二를 세제世諦라고 하며, 비이非二와 비불이非不二를 제일의제第一義諦라고 하는 것은 앞에서의 진속眞俗과 생사生死 및 열반涅槃의 두 변邊을 밝힌 것이다. 이것은 한쪽으로 치우친 것이기 때문에 세제世諦라고 하며, 비진비속비생사비열반非眞非俗非生死非涅槃의 불이중도不二中道가 제일의第一義가 된다. 이것도 또한 이변二邊이다. 무엇 때문인가? 이二는 한쪽으로 치우친 것이며 불이不二는 중도이지만, 한쪽으로 치우친 것도 일변一邊이 되고 중中도 일변이 되는 것이다. 그것이 치우친 것과 중中도 여기에서는 도리어 두 개의 변이 된다. 두 개의 변이기 때문에 세제世諦라고 이름한다. 치우친 것도 아니고 중中도 아닌 것이 중도

中道이니 제일의제第一義諦라고 이름한다. 그러므로 모든 부처님이 법을 설하고 중생의 병을 치료하는 것도 이러한 뜻에서 벗어나지 않는다. 그러므로 삼종이제三種二諦를 밝힌 것이다.

그렇다면 이렇게 삼종이제를 전개한 이유는 어디에 있는가? 이러한 삼종이제는 다만 일연一緣을 터득할 뿐만 아니라 또한 삼연三緣을 터득하는 것이다. 우선 초절初節은 범부를 위한 것이다. 범부는 모든 법을 유有라고 말하니, 모든 법은 유有이다라고 설하는 것이 속제俗諦가 되는 까닭이다. 공空은 진제眞諦가 되니 바로 범부의 유견有見을 깨뜨렸기 때문에 유有를 설한 것을 속俗이라고 하며, 공空을 진제眞諦라고 하는 것이다.

제이중第二重에서는 이승인二乘人을 파척하였다. 이승二乘이 모든 법은 공空하다고 하면서 공견空見의 구덩이에 빠지기 때문이다. 범부는 유有에 집착하고 이승은 공空에 머무른다. 이러한 공과 유는 나란히 세제世諦이고 저 비공非空과 비유非有 및 비범非凡과 비성非聖은 제일의第一義이다. 그러므로 『경經』에서 말하기를, "범부행凡夫行도 아니며, 성인행聖人行도 아닌 것이 보살행菩薩行이다. 또한 유행有行도 아니며, 공행空行도 아닌 것이 보살행이다"라고 하였다. 이러하기 때문에 제이중이제第二重二諦를 밝혔다.

제삼중第三重은 유득보살有得菩薩을 파척하였다. 유득보살은 말하기를, "범부는 유有를 보고 이승은 공空에 집착한다. 범부는 생사에만 빠져 있고 이승은 열반에만 집착한다. 나는 모든 법이 비유非有와 비무非無 및 비생사非生死와 비열반非涅槃인 것을 이해하고 있다"라고 하였다. 그러므로 유무有無의 이二와 비유비무非有非無의 불이不二 및 생사열반生死涅槃의 이二와 비생사비열반非生死非涅槃의 불이不二를 모두 세제라고 하는데, 저 비진비속비생사열반非眞非俗非生死涅槃이며, 비비진속비비생사열반非非眞俗非非生死涅槃은 제일의제第一義諦임을 밝힌 것이다.[222)]

위에서는 이제가 삼종이제 및 사종이제로 전개되어 나가는 과정을 서술하였다. 그런데 삼론에서 삼종이제三種二諦를 밝히는 이유는 다음과 같이 설명되고 있다. 즉, "유래인由來人을 대치對治하기 위해서이다. 유래인은 삼가三假가 세제世諦인 점은 밝히지만 사四에서 이것이 진제眞諦임을 망각하였다. 이러한 유래인의 이제二諦를 우리 학파에서는 초절이제初節二諦라고 한다. 우리 학파에는 삼종이제의 가르침이 있다. 다른 학파에서 말하는 이제二諦는 초중이제初重二諦에 해당된다. 이제 다른 학파에서는 양종이제兩種二諦가 있다는 사실을 놓쳤는데, 우리 학파에서는 제이절이제第二節二諦이다. 저 진眞과 속俗을 세제世諦로 하고, 저 비진非眞과 비속非俗을 제일의제第一義諦라고 하는 다른 학파의 이제二諦는 우리 학파에서 세제世諦에 해당된다. 또한 제삼절第三節에서 저들의 이제二諦와 중도中道를 융섭한 것도 모두 세제世諦이다. 무엇 때문인가? 앞의 제이절第二節은 이二가 세제世諦가 되고 불이不二가 진제眞諦가 됨을 밝혔다. 그런데 다른 학파의 이제二諦는 다만 우리 학파에서 세제世諦에 해당된다. 다른 학파에서는 말하기를, 우리도 또한 비진비속중도非眞非俗中道의 가르침이 있다고 하였다. 이러하기 때문에 제삼절第三節에서는 이불이二不二가 세제世諦가 됨을 밝혔다. 다른 학파에서 이제二諦 또는 중도中道라고 하는 것은 모두 우리 학파에서 세제世諦에 해당된다. 이러하기 때문에 삼종이제三種二諦의 가르침을 밝히는 것이다"[223]라고 결론을 내리고 있다. 이러한 삼종이제는 승랑으

---

222) 길장의 『이제의』 권상(대정장 45, 90 하~91 중)에는, "言諸法說有者 凡夫謂有 此是俗諦 此是凡諦 賢聖眞知 諸法性空 此是眞諦 此是聖諦 令其從俗 入眞捨凡 取聖爲是義故 明初節二諦義也 次第二衆 明有無爲世諦 不二爲眞諦者 明有無是二邊 有是一邊 無是一邊 乃至常無常 生死涅槃 並是二邊 以眞俗生死涅槃 是二邊故 所以爲世諦 非眞非俗 非生死非涅槃 不二中道 爲第一義諦也 次第三重 二與不二 謂世諦 非二非不二 爲第一義諦者 前明眞俗生死涅槃二邊 是便故爲世諦 非眞非俗非生死非涅槃 不二中道 爲第一義 此亦是二諦何者 二是偏不二是中 偏是一邊中 是一邊 偏之與中 還是二邊 二邊故名世諦 非偏非中 乃是中道第一義諦也 然諸佛說法 治衆生病 不出此意爲是故 明此三種二諦也"라고 하였다.

로부터 비롯하여 산문상승山門相承 흥황조술興皇祖述한 것임을 알
수 있으며, 이렇게 삼종이제를 밝히는 까닭도 또한 이론과 실천이
결국 하나라는 귀일歸一의 과정으로 이해된다. 다음의 사료가 참고
된다.

(51) 산문이 상승하고 흥황興皇이 조술한 삼종이제를 밝히는 까닭은 다음
과 같다. 제일명第一明에서 유有라고 설함은 세제世諦가 되고 무無에
대해서는 진제眞諦라고 한다.[224]
　　제이명第二明에서 유有를 설하고 무無를 설한 두 가지는 모두 세제
世諦이며, 유가 아님과 무가 아님의 불이不二(둘이 아님)를 설함은 진
제眞諦에 해당된다.[225]
　　제삼절이제의第三節二諦義에서 이제라는 것은 유무有無 두 가지와
비유무非有無의 불이不二이니, 이二를 설하고 불이不二를 설하는 것
은 세제世諦라고 하며, 비이非二와 비불이非不二를 설한 것을 진제眞
諦라고 한다.[226] 이와 같이 이제에는 이러한 세 가지 종류가 있는 것
이다.[227]

---

223) 길장의 『이제의』 권상(대정장 45, 91 중)에는, "又所以明三種二諦者 爲對由來人 由
來人 明三假是世諦 四忘是眞諦 今明 此之二諦 是我家 初節二諦 我家有三重二諦義
汝二諦 是初重二諦 今過汝有兩重二諦也 第二節二諦 若眞若俗爲世諦 若非眞若非俗
爲第一義諦 若爾 汝二諦 是我家世諦也 又第三節 攝彼若二諦若中道 並是今世諦 何
者 前第二節 明二爲世諦 不二爲眞諦 汝二諦 但是我家世諦也 彼卽云 我亦有非眞非
俗中道義 爲是故 第三節 明二不二爲世諦 汝若二諦若中道 悉是我家世諦 爲是故 明
此三種二諦義也" 라고 하였다. 이것은 비담가毘曇家의 사리이제설事理二諦說을 대
치對治한 것이라고 한다. 이와 관련해서는 다음의 사료도 참고된다. 길장의 『대승
현론大乘玄論』 권제 1(대정장 45, 15 하)에는, "對毘曇事理二諦 明第一重空有二
諦" 라고 하였다.
224) 길장의 『대승현론』 권제 1(대정장 45, 15 하)에 있는 내용이다. 이것은 비담가毘曇
家의 사리이제설事理二諦說을 대치對治한 것이다.
225) 길장의 『대승현론』 권제 1(대정장 45, 15 하)에는, "對成論師空有二諦 汝空有二諦
是我俗諦 非空非有 方是眞諦 故有第二重二諦也" 라고 하였다. 이것은 성실론사가
공유이제설에 집착하는 것을 대치對治한 것이다.

지금까지 고구려 승랑으로부터 비롯한 신삼론사상의 삼종이제
설을 단계적으로 서술하였다. 이러한 부분을 요약하면 〈표 3〉으로
요약된다.

〈표 3〉 삼종이제설의 구조[228]

세제世諦 : 설유說有.
제일초중第一初重 :   → 비담가의 사리이제설을 치료함.
진제眞諦 : 설무說無.

세제 : 설유설무說有說無의 두 가지를 합친 것.
제이양중第二兩重 :   → 성실사의 공유이제설을 치료함.
진제 : 비유비무非有非無의 불이不二를 설한 것.

세제 : 유무有無 두 가지와 비유무非有無의 불이不二를 설함.
제삼중第三重 :   → 유득보살有得菩薩의 견해를 치료함.
진제 : 비이非二와 비불이非不二를 설함.

위에 제시한 〈표 3〉과 같이 승랑으로부터 비롯되는 신삼론사상

---

226) 길장의 『대승현론』 권제 1(대정장 45, 15 하)에는, "對大乘師依他分別二爲俗諦 依
他無生分別無相不二眞實性爲眞諦 今明 若二若不二 皆是我家俗諦 非二非不二 方是
眞諦 故有第三重二諦"라고 하였다. 이것은 유득보살有得菩薩의 견해를 치료하기
위해 설명한 부분이다. 즉 대승사가 의타依他와 분별分別의 두 가지는 속제俗諦이
며, 의타무생依他無生과 분별무상分別無相의 불이진실不二眞實은 진제眞諦라고
주장한 부분을 대치對治한 것이다.

227) 길장의 『이제의』 권상(대정장 45, 90 하)에는, "所以山門相承 興皇祖述 明三種二
諦 第一明 說有爲世諦 於無爲眞諦 第二明 說有說無 二竝世諦 說非有非無 不二爲眞
諦 第三節二諦義 此二諦者 有無二 非有無不二 說二說不二爲世諦 說非二非不二爲
眞諦 以二諦有此三種"이라고 하였다.

228) 박종홍, 앞의 논문, 1972, p.43을 참고로 하여 위의 〈표 3〉을 작성하였다.

고구려 승랑 연구

에서는 용수가 제시한 이제설을 삼종이제설로 전개시키고 있다. 이렇게 세 번의 단계를 걸치면서 이제설을 전개시켜 나가는 것이 가지는 불교사상에서의 의의는 단계적으로 수행하여 가는 점사의漸捨義를 제시하였다는 사실이다. 이러한 방식에 의해서 모든 견해는 순차적으로 부정되어 나가는 것이다. 결국 이제二諦는 달을 가리키는 손가락에 해당되는 교문敎門을 설명하는 방법으로 설정된 언교言敎의 전개가 다시 정반正反을 넘어서는 합명合明으로 나아가면서 중도공관中道空觀으로 전개된다. 이것은 또 다시 중도의 본체는 불성佛性이 되고 열반涅槃으로 나아가게 되는 필연적인 과정을 확연하게 설명할 수 있게 되는 것이다. 이러한 삼중이제는 또 다시 사중이제로까지 전개되고 있다.[229] 그러나 삼중이제까지의 내용은 위에서와 같으므로 생략하고, 사중이제만을 정리하면 아래와 같다.

> (52) 네번 째로는 대승사가 다시 말하기를, "삼성三性은 속제俗諦이며, 삼무성비안립체三無性非安立諦가 진제眞諦이다"라고 하였다. 그러므로 이제 밝힌다. 다른 학파에서 말하는 의타분별이진실이시안립체依他分別二眞實二是安立諦와 비이비불이삼무非二非不二三無는 모두 속제이고, 언망려절言忘慮絶이어야만 바야흐로 진제이다.[230]

---

229) 김인덕은 사중이제설도 승랑의 주장이라고 하였다(앞의 논문, 1984, p.290 및 앞의 논문, 1992, p.184). 그러나 사중이제설을 밝힌 것은 당시 섭론종이 발생하여 유행하게 되자, 길장이 이러한 흐름을 파척하고자 한 것으로 보인다고 하여 승랑의 주장이 아닌 길장의 입장이라고 보기도 한다(고익진, 앞의 논문, 1985, p.88). 본고는 사중이제설도 승랑이 제기했던 삼종이제설의 연장선에서 제시된 견해로 보는 입장을 따르고자 한다.

230) 길장의 『대승현론』 권제 1(대정장 45, 15 하)에는, "四者大乘師 復言三性是俗 三無性非安立諦爲眞諦故 今明 汝依他分別二眞實不二是安立諦 非二非不二三無性非安立諦 皆是我俗諦 言忘慮絶 方是眞諦"라고 하였다.

세제 : 삼성三性과 삼무성비안립체三無性非安立諦를 설함.

제사중第四重 :   → ?[231]

진제 : 언망려절言忘慮絶한 경지(논리를 초월한 경지).

지금까지 살펴 보았듯이, 승랑은 이제二諦를 리理로 보는 유래인 由來人의 견해를 파척하면서, 이제를 교敎라고 보았다. 이러한 이제 시교론은 한편으로 어교이제於敎二諦로 전개되었다. 뿐만 아니라 이러한 논의는 삼중이제 또는 사중이제로까지 나아가고 있다. 이러 한 이제의 전개는 다시 정반正反에서 한걸음 더 나아가 합명合明하 게 되면서 그것은 다시 중도공관으로 전개되고 있음이 주목된다.

3. 중도공관으로 발전

앞에서는 승랑이 언교言敎를 제諦로 삼아서 논리를 전개시켜나 가는 이유가 어디에 있었는가를 이제시교론과 어교이제설로 나누 어 검토하였다. 또한 이러한 논리를 삼중으로 전개한 삼종이제三種 二諦가 가지는 의미도 살펴보았다. 그러한 과정에서 이미 이제二諦 가 다시 나아가야 할 방향은 중도공관中道空觀 및 열반涅槃과 불성佛 性일 가능성을 제시하였다. 지금부터는 이러한 이제二諦가 구체적

---

231) 이미 앞에서 삼론이 파척한 대상을 외도, 비담, 발마跋摩, 대승의 사종계급으로 나 누어 살펴보았다. 또한 제삼중第三重에서 유득보살有得菩薩의 잘못된 견해를 어떻 게 고치고 있는지도 살폈다. 여기에서는 실천적인 보살행을 극도로 강조하면서, 무 소득과 무집착의 무주공관無住空觀으로 나아갈 것을 제시한 것으로 이해된다. 가 령 『화엄경華嚴經』에 의하면, "일념一念이 무량겁無量劫이며 무량겁이 일념이다. 일체무애인一切無碍人은 일도一道로 생사를 벗어난다"라고 하였음이 주목된다.

으로 어떻게 중도공관으로 전개되어 나가는지를 살펴보고자 한다. 이러한 과정 속에서 극도로 부정否定을 계속하던 공관空觀은 결국 제법실상諸法實相의 경지, 즉 색즉공공즉색色卽空空卽色으로 횡수병관橫竪幷觀하는 절대絶待의 경지로까지 나아가게 된다. 이와 같은 중도공관의 구현과정이 지금까지 살펴보았던 이전의 공관空觀과 어떠한 연계성을 갖고 있었는가라는 측면을 중도공관의 역사로서 정리해 보고자 한다.

1) 중도로 정리

앞장에서는 성실론사들이 이제二諦를 '경境'이나 '리理'로 보는 이제시리론을 파척하면서 이제시교론을 주장하였음을 살펴 보았다. 지금부터는 삼론가에서 이제의 본체를 어떻게 보았으며, 또한 무엇을 리理로 보았는가를 살펴보고자 한다. 우선 아래의 자료가 참고된다.

(53) 모든 부처님들은 중생에 수순隨順하기 때문에 설함에 이제二諦가 있다. 그러나 도리는 이제가 없다. 그러므로 『열반경涅槃經』에서 말하기를, "이제가 있는 것은 아니지만, 선교방편善巧方便으로 중생에 수순하기 때문에 설함에 이제가 있다"라고 하였다.[232]

(54) 질문 : 이미 『중론中論』이라고 이름하면서 무엇 때문에 중도를 종宗으로 하지 않고, 이제二諦를 종宗으로 하였는가?
대답 : 이제가 곧바로 중도이기 때문에, 이제를 종宗으로 하는 것이

---

232) 길장의 『이제의』 권하(대정장 45, 108 하)에는, "諸佛隨順衆生 說有二諦 道理無二也 故涅槃經云 無有二諦 善巧方便 隨順衆生 說有二諦也"라고 하였다.

다. 그러므로 이제는 곧바로 중도의 종宗이 된다. 그렇게 되는 까닭은 이제에 나아가면서 중도를 밝혔기 때문이다. 그러므로 세제중도世諦中道와 진제중도眞諦中道 및 비진비속중도非眞非俗中道가 있는 것이다.[233)]

위에 제시된 자료를 통해서 또 다시 이제는 교敎임을 알 수 있을 뿐만 아니라, 이제二諦가 중도로 나아감을 알 수 있다. 이러한 이제의 본체를 어떻게 이해할 것인가의 문제는 당시 중국 남조 사회에서 상당히 중요한 문제로 제기되고 있었다. 이러할 때에 승랑은 남하하여 이제의 본체가 중도임을 밝히면서 성실론사를 비롯한 사종계급을 파척하였던 것이다.[234)] 이와 관련해서는 아래의 자료가 참고된다.

(55) 옛날부터 지금까지 모두 14가지 학파의 해석이 있었다.[235)]
(56) 대랑법사大朗法師(필자주 ; 승랑을 가리킴)가 주옹周顒에게 이제二

---

233) 길장의 『삼론현의』(대정장 45, 11 하)에는, "問旣名中論 何故不用中道爲宗 乃以二諦爲宗耶 答卽二諦是中道 旣以二諦爲宗 卽是中道爲宗 所以然者 還就二諦 以明中道故 有世諦中道 眞諦中道 非眞非俗中道"라고 하였다.
234) 길장의 『삼론현의』(대정장 45, 14 중)에는, "次釋中不同 得有四種 一外道明中 二毘曇明中 三成實明中 四大乘人明中也 外道說中者 僧去人 衛世師 勒沙婆 成實人明中道者 中道有三 一世諦中道 二眞諦中道 三非眞非俗中道 四大乘人 明中道者 如攝大乘論師 明非安立諦不著生死不住涅槃名之爲中也"라고 하였다. 이러한 기록을 통해 볼 때, 사종계급도 중도설을 갖고 있었음을 알 수 있다. 삼론종과 입장을 달리하는 중도설로는 아래와 같은 네 가지 주장이 있었다. 첫 번째로는 외도가 중도를 밝히는 경우로 승거인僧去人과 승론사勝論師인 위세사衛世師 및 니건자외도尼建子外道를 시조로 하면서 고행선苦行仙을 수행하는 늑사바勒沙婆(Rsabha)가 있다. 두 번째로는 비담이 중도를 밝혔다. 세 번째로는 성실이 중도를 밝혔다. 또한 성실론사에게도 삼종중도설이 있었는데, 그들은 ① 세제중도世諦中道, ② 진제중도眞諦中道, ③ 비진비속중도非眞非俗中道라고 하였다. 네 번째로는 대승의 사람들이 중도를 밝힌 경우이다. 섭대승론사攝大乘論師는 비안립제불착생사부주열반非安立諦不著生死不住涅槃을 밝히는 것을 중도라고 이름하였던 것이다.

고구려 승랑 연구

諦를 가르쳤다. 그 사람은 『삼종론三宗論』을 지었다. 여기에서 말하기를, "부처님이 이제를 세운 까닭은 모든 법이 공空과 유有의 두 가지를 갖추어서 치우치지 않았기 때문에 중도라고 이름한다"라고 하였다.[236)

삼론에서 중도를 이제二諦로 삼은 것은 승랑으로부터 비롯하였는데, 이후로 섭령흥황攝嶺興皇은 모두 중도를 이제의 본체로 삼았다고 한다.[237) 이러한 이제중도설二諦中道說은 용수龍樹의 팔불중도八不中道에서 기원한다. 팔불八不이라는 것은 『중론中論』 「관인연품觀因緣品」에서 "불생역불멸不生亦不滅 불상역부단不常亦不斷 불일역불이不一亦不異 불래역불출不來亦不出 능설시인연能說是因緣 선멸제희론善滅諸戲論 제설중제일諸說中第一"이라고 한 것을 말한다. 이러한 팔불이 이제중도로 전개되는 과정을 살펴보면 다음과 같다.

(57) 『영락경瓔珞經』의 「불모품佛母品」에서, 이제二諦는 불생불멸不生不滅 내지 불래불거不來不去임을 밝혔다. 지금 논하는 것도 바로 팔불

---

235) 길장의 『이제의』 권하, 「이제체二諦體」 4(대정장 45, 107 하~108 상)의 내용이 참고된다. 길장은 당시까지 있었던 14가의 해석을 다음과 같이 설명하고 있다. 제일가第一家에서는, 이제는 일체一體라고 밝혔다. 여기에는 다시 ① 진제眞諦가 체體가 됨. ② 속제가 체가 됨. ③ 이제가 서로 가리키는 것이 체가 된다는 세 가지 주장이 있다고 하였다. 제이가第二家에서는, 이제는 이체異體라고 밝혔다. 제삼가第三家에서는 이제를 중도의 체라고 밝히면서, 유有와 무無가 중도의 체가 된다고 하였다. 그리고 개선문종開善門宗에도 제일가의 세 가지 해석이 있었다고 한다. 또한 제일가의 세번 째 견해가 개선開善의 주장이라고 하였다. 이때 개선은 본래 진眞이 본체가 된다고 하면서 이제를 일진불이一眞不二의 극리極理라고 보았음을 밝히고 있다.

236) 길장의 『중관론소中觀論疏』 권제 2의 「인연품因緣品」 제 1(대정장 42, 26 중)에는, "大朗法師 敎周顒二諦 其人著三宗論云 佛所以立二諦者 以諸法具空有 所以不便 故名中道"라고 하였다.

237) 길장의 『이제의』 권하, 「이제체二諦體」 제 4(대정장 45, 108 상)에는, "攝嶺興皇 皆以中道 爲二諦體"라고 하였다.

八不을 밝힌 것이다.[238]

(58) 팔불八不은 삼종중도三種中道를 갖추고 있으니, 곧 이것은 이제二諦이다.[239]

(59) 팔불은 중가이제中假二諦를 밝혔다. 『보살영락본업경菩薩瓔珞本業經』 하권에서는 말하기를, "이제의二諦義는 불일역불이不一亦不二, 불상역부단不常亦不斷, 불래역불거不來亦不去, 불생역불멸不生亦不滅이다"라고 하였다.[240]

위에서 설명하고 있는 것과 같이, 이제는 곧 팔불이고 팔불은 곧 이제임을 알 수 있다. 또한 이러한 이제는 곧바로 중도로 나아간다. 그렇다면 중도는 이제의 본체가 됨을 알 수 있다. 이것은 『중론中論』「관사제품觀四諦品」에서 말한, "인연소생법因緣所生法 아설즉시공我說卽是空 역시가명공亦是爲假名 역시중도의亦是中道義"에서 인연소생법은 속제가 되고 아설즉시공은 진제가 되는데, 또한 이것도 가명이 된다는 것이다. 그리고 이것도 또한 가명이라는 것이 또한 이러한 중도의 가르침이 된다. 그러므로 중도는 이제二諦의 본체가 된다는 것이다.[241] 나아가 『지도론智度論』「석집산품釋集散品」에서는, "연緣(Pratyaya : 연유)은 하나의 변邊이고 관觀도 하나의 변이

---

238) 길장의 『삼론현의』(대정장 45, 11 중)에는, "瓔珞經 佛母品 明二諦 不生不滅 乃至 不來不去 今論 正明八不"이라고 하였다.

239) 길장의 『대승현론』 권제 2의 「명삼종중도明三種中道」(대정장 45, 25 하)에는, "八不具三種中道 卽是二諦也"라고 하였다.

240) 길장의 『대승현론』 권제 2의 「잡문난문雜問難問」(대정장 45, 30 중)에는, "八不 明中假二諦 菩薩瓔珞本業經 下卷云 二諦義者 不一亦不二 不常亦不斷 不來亦不去 不生亦不滅也"라고 하였다.

241) 길장의 『이제의』 권하, 「이제체二諦體」 제 4(대정장 45, 108 하~109 상)에는, "問 何處有經文 的明中道爲二諦體也 解云 中論偈卽是 彼云 因緣所生法 我說卽是空 亦是爲假名 亦是中道義 此偈是經是論 何者 此是華嚴經中偈 龍樹引來卽是論 旣云假名卽中道 故中道二諦體也"라고 하였다.

다. 이 두 가지의 변으로부터 벗어난 것을離 중도라고 이름한다"[242]
라고 하면서 중도의 실천적인 의미를 부각시키고 있다. 이러한 절
대중絶待中은 이변二邊을 원리遠離하면서 중도에도 집착하지 않게
되는 것이다.[243] 이와 같이 일체가 무소득인 중도의 경지를 삼론가
에서는 『화엄경』을 인용하여 다음과 같이 설명하고 있다.

> (60) 『화엄경華嚴經』에서 말하기를, "문수文殊의 법은 항상 있는 것이니
> 법왕法王은 오직 일법一法이다. 일체무외인一切無畏人은 일도一道
> 로 생사를 벗어난다"라고 하였다. 또 말하기를, "일체의 유무법有無
> 法은 유무가 아님을 요달了達하게 된다"라고 하였다. 그러므로 유와
> 무의 두 가지는 교敎이고, 비유非有와 비무非無의 불이不二는 리理
> 가 됨을 아는 것이다.[244]
> (61) 『화엄경華嚴經』에서 말하기를, "일중一中에서 무량無量을 이해하고,
> 무량중無量中에서 일一을 이해한다"라고 하였다. 그러므로 일법一法
> 을 얻어서 일체법一切法을 얻는 가르침이 있으며, 일체법을 얻어서
> 일법을 얻는 의미도 있다.[245]

지금까지 살펴 본 것처럼 일체가 무소득인 중도의 경지는 다시
중도의 본체가 무엇이며, 중도가 나아갈 방향은 무엇인가라는 문제
로 전개된다. 이때 중도의 본체는 불성佛性이 되고, 일체가 무소득
인 불이중도가 나아갈 바는 열반涅槃으로 치닫게 됨을 알 수 있다.

---

242) 길장의 『중관론소』(대정장 42, 50 하)에는, "智度論 釋集散品云 緣是一邊 觀是一
邊 離是二邊 名爲中道也"라고 하였다.
243) 길장의 『삼론현의』(대정장 45, 14 하)에는, "經亦云 遠離二邊 不著中道卽其事也"
라고 하였다.
244) 길장의 『이제의』권상(대정장 45, 87 하 및 96 상)에는, "華嚴經云 文殊法常爾 法
王唯一法 一切無畏人 一道出生死 又云 一切有無法 了達非有無 故知 有無二是敎 非
有無 不二是理"라고 하였다.
245) 길장의 『삼론현의』(대정장 45, 14 중)에는, "華嚴經云 一中解無量 無量中解一 故一
法得以 一切法爲義 一切法得以 一法爲義"라고 하였다.

이러한 전개과정은 삼론에만 국한되는 성질의 것은 아닐 것이라
고 보여진다. 즉 이러한 삼론이 고구려에 전래되었다면, 이후 고구
려 불교의 중심문제가 무엇이었을까를 해명해 줄 수 있는 열쇠도
될 수 있을 것이다. 이와 관련해서는 아래의 자료가 참고된다.

(62) 지금은 중도정법中道正法을 열반의 본체로 삼는다.[246]

(63) 오직 하나의 리理가 있고, 오직 한사람의 가르침이 있다. 오직 일인一
因을 행하며 오직 일과一果를 감응도교感應道交한다. 그러므로 일一
이라고 이름한다. 이처럼 본래의 진여불성眞如佛性을 말하는 일승의
본체는 정법중도正法中道를 본체로 한다. 또한 일승은 유일의 리理
로써 중생으로부터 벗어난다.[247]

(64) 다만 하서도랑법사河西道朗法師[248]는 담무참법사曇無讖法師와 함
께 『열반경涅槃經』을 번역하였는데, 친히 삼장三藏을 이어서 『열반
의소涅槃義疏』를 저술하였다. 여기에서는 불성의佛性義를 해석하였
는데, 곧바로 중도를 불성佛性으로 하였다. 이후로 여러 스님들은 모
두 도랑법사의 『열반의소』에 의지하면서, 능히 열반 내지 불성의를
해석하거나 강의하였다.[249]

지금까지 설명한 내용을 요약해보면, 중도의 본체는 불성佛性이
되고, 이러한 중도가 나아갈 방향은 열반涅槃임을 알 수 있다. 이러

---

246) 길장의 『대승현론』 권제 3(대정장 45, 46 중)에는, "今以中道正法 爲涅槃體"라고
하였다.

247) 길장의 『대승현론』 권제 3(대정장 45, 42 중)에는, "唯有一理 唯教一人 唯行一人
唯感一果 故名爲一 一乘[一乘本爲眞如佛性]體者 一乘者 運出爲義"라고 하였다.

248) 도랑道朗은 북량北涼의 담무참曇無讖이 『열반경涅槃經』을 번역하였을 때(421), 그
것에 대한 서문을 지었다. 후에 도랑은 또한 『열반경』에 대한 최초의 『의소義疏』를
저술하면서, "불성佛性은 곧바로 중도이다"라는 내용을 밝혔다.

249) 길장의 『대승현론』 권제 3의 「불성의십문佛性義十門」(대정장 45, 35 하)에는, "但
河西道朗法師 與曇無讖法師 共飜涅槃經 親承三藏 作涅槃義疏 釋佛性義 正以中道
爲佛性 爾後諸師 皆依朗法師義疏 得講涅槃 乃至 釋佛性義"라고 하였다.

한 흐름을 고구려불교사에 적용시켜본다면, 대체로 의연의 지론종 사상 및 보덕의 열반종 사상이 출현하게 되는 배경을 어느 정도는 이해할 수 있을 것으로 보여진다. 이러한 부분은 앞으로 의연과 보덕의 생애와 활동을 살펴보면서, 좀더 구체적으로 서술해보도록 하겠다.

2) 공관으로 귀결

지금까지 살펴보았듯이, 승랑의 삼론사상은 실천적인 측면에서는 파사현정의 구현이었고 이론적인 측면에서는 이제二諦를 어떻게 전개시켜나갔는가라는 문제였다. 그러나 이러한 실천의 문제와 이론의 문제가 따로 존재하는 것은 아니다. 이제로부터 비롯된 언교言教의 전개는 결국 색즉공공즉색色卽空空卽色하는 공관空觀으로 귀결됨을 알 수 있다. 이것은 또한 다른 학파를 파척해 나가는 연속선에서 이해되어야 한다. 다음의 사료가 참고된다.

> (65) 다른 학파의 가르침에는 막히는 것이 있다. 유有가 공空에 즉卽할 때에 곧바로 유有를 잃어버리거나, 공空이 유有에 즉할 때에 곧바로 공을 잃어버린다. 그러므로 능히 병관幷觀하지 못하는 것이다.[250)]

위의 자료에서도 알 수 있듯이, 다른 학파에서는 유와 공에 막힘이 있어서 상즉相卽이 있을 수가 없었다. 그러나 삼론에서 밝히는

---

250) 길장의 『이제의』 권하(대정장 45, 110 중~하)에는, "他義有碍 有卽空空卽失有 空卽有卽失空 故不得幷"이라고 하였다.

공사상은 이제가 상즉하는 내용[251]으로 구성되어 있기 때문에 제법
실상諸法實相이 드러나게 되고 결국은 공관空觀으로 전개되어 나갈
수 있게 되는 것이다. 이러한 중도공관의 전개는 승랑이『중론中論』
의 27품을 분과하는 것에서부터 비롯됨을 알 수 있다. 이와 관련해
서는 아래의 사료가 참고된다.

> (66) 섭령상승攝嶺相承으로부터 27품을 나누어 삼단으로 하였다. 처음의
> 25품은 대승의 혼미함과 과실을 파척하면서 대승관행大乘觀行을 밝
> 혔다. 다음에 있는 두 개의 품에서는 소승의 미혹된 집착을 파척하면
> 서 소승小乘의 관행觀行을 밝혔다. 세번 째에서는 대승의 관행을 거
> 듭 밝히는 공덕을 추앙하면서 부처님에게 귀의하였다.[252]

---

251) 이제二諦가 상즉하는 가르침은 아래와 같이 설명되고 있는데, 세 곳의 경문에서 이
제상즉의를 밝혔다. 우선『열반경』에서는 세제가 곧바로 제일의第一義라고 하였
다. 다음으로『대품경大品經』에서는 공空은 곧바로 색色이고, 색은 곧바로 공이니
공을 벗어난 색이 있을 수 없고 색을 벗어난 공도 있을 수 없다라고 하였다. 또한
『정명경淨名經』에서는 색의 본성은 스스로 공이니, 색이 아니면 공도 멸한다라고
하였다.
  이와 관련해서는 아래의 자료도 참고된다. 길장의『이제의』권하(대정장 45, 104
하) 및『대승현론』권제 1(대정장 45, 21 하)에는, "三處經文 明二諦相卽義 涅槃經
世諦卽第一義 大品經 空卽色 色卽空 離空無色 離色無空 淨名經 色性自空 非色滅空
然此三經文 雖異意同也"라고 하였다.
  한편『대품경大品經』에서는 다시 ① 상즉무상常卽無常 무상즉상無常卽相, ② 공위
유용空爲有用 유위공용有爲空用, ③ 상常은 무상용無常用이 되고 공空은 유용有用
이 되고 유有는 공용空用이 되며 무상無常은 상용常用이 됨, ④ 일념은 무량겁이
되고 무량겁은 일념이 됨, ⑤ 삼세三世는 일세一世가 되고 일세는 삼세가 되는 점
을 밝히고 있다. 이와 관련해서는 아래의 자료가 참고된다. 길장의『이제의』권하
(대정장 45, 107 하)에는, "色卽空 空卽色 常卽無常 無常卽常 空爲有用 有爲空用 常
爲無常 用無常 爲常用 一念無量劫 無量劫一念 三世爲一世 一世爲三世等用 無來無
積聚 而現諸劫事 爲是故 卽色卽空也"라고 하였다.
252) 길장의『중관론소』권 1(대정장 42, 7 하)에는, "自攝嶺相承 分二十七品 以爲三段
初二十五品 破大乘迷失 明大乘觀行 又有兩品 破小乘迷執 辨小乘觀行 第三重明 大
乘觀行 推功歸佛"이라고 하였다.

위의 자료를 통해, 승랑이 『중론』의 과목을 나누는 것으로부터 중국에 전래되었던 대승과 소승의 경전들 모두가 교상판석되고 있음을 알 수 있다.[253] 또한 이것은 "대승과 소승의 경전을 통론通論하면서 함께 일도一道를 밝혔다. 그러므로 무득정관無得正觀을 핵심으로 하는 것이다'"라고 평가되고 있다.[254]

지금부터는 승랑으로부터 비롯하는 삼론의 중도공관이 어디로부터 시작되는가를 살피는 속에서 중도공관의 역사 및 그 속에서 삼론사상의 위치를 밝혀보고자 한다.

우선 석가모니釋迦牟尼의 설법에 의하면, "견연기즉견법見緣起則見法 견법즉견불見法則見佛"이라고 하였다. 이러할 때에 연기는 "이것이 있기 때문에 저것이 있고, 이것이 일어남으로써 저것이 일어난다"라는 것을 말한다. 즉 12연기가 곧바로 중도임을 알 수 있다. 여기에서 석가모니는 십이연기법十二緣起法으로 중도를 설명하였는데, 그러한 중도는 공空과 유有로부터 벗어나고 있음을 알 수 있다. 불멸佛滅 후에 살파다부종薩婆多部宗의 비바사론毘婆沙論에서는 제법실유諸法實有를 강조하면서 삼세항유설三世恒有說을 주장하였다. 그러나 용수龍樹는 이들의 유견有見과 무견無見을 파척하면서 무소득無所得의 묘의妙義는 인연에 의지해 생기는 것이므로, 본성은 본래 공空함을 주장하였다. 그런데 이러한 가르침이 구체적으로 제시된 것으로는 『중론』의 사구四句와 팔불게八不偈가 대표적이라고 하였

---

253) 승랑으로부터 비롯한 『중론中論』연구를 계승한 길장은 보다 세밀하게 『중론』을 분과分科하면서 중가의中假義의 사상으로 발전시켰다(김인덕, 「고구려 삼론사상의 전개」 『가산이지관스님화갑기념논총 한국불교문화사상사』 권상, 1992, pp.170~176).

254) 길장의 『삼론현의』(대정장 45, 10 하)에는, "通論大小乘經 同明一道 故以無得正觀爲宗"이라고 하였다.

다. 용수는 연기중도緣起中道를 드러냄으로써, 공空과 연기緣起 및 중도中道가 서로 관통하고 있음을 밝히고 있는 것이다. 이와 관련해서는 아래의 사료가 참고된다.

(67) 인연이 생生하는 바의 법을 나는 곧바로 공空이라고 설한다. 또한 가명假名이라고 이름하며, 더 나아가서는 중도의 가르침이라고 이름한다.[255]

(68) 불생不生은 또한 불멸不滅이며, 불상不常은 또한 부단不斷이다. 불일不一은 또한 불이不異이다. 불래不來는 또한 불출不出이다. 능히 이러한 인연을 설명하면서, 모든 희론戱論을 잘 없애버리고자 한다. 나는 머리 숙여 예불하는데 모든 주장에서 중도가 제일이다.[256]

위에 서술된 내용과 같이, 인도에서 용수로부터 전개되던 중도 공관사상은 중국으로도 전래되었다. 그런데 그것을 이해하려는 방법은 다음과 같이 요약될 수 있다. 즉 중국에서 초기에 등장한 것은 격의불교格義佛敎였다. 이러한 격의불교의 비판과정을 계승하면서 승랑은 자신의 가르침을 주옹에게 전하였다.

이미 앞에서 승랑은 고구려 국내에서 격의불교에 대해 이해하고 있었을 것으로 추측하였다. 그후 승랑은 북지에 구법하여 지둔도림의 즉색의卽色義와 석도안釋道安의 본무의本無義를 계승한 승조僧肇의 부진공론不眞空論을 계승하고서 남하한 것으로 이해하였다. 남하 이후 승랑은 종산 초당사에서 주옹에게 가명공假名空의 사상을

---

255) 용수의 『중론』 24, 「관사제품觀四諦品」(대정장 30, 33 중)에는, "因緣所生法 我說 卽是空 亦名爲假名 亦名中道義"라고 하였다.

256) 용수의 『중론』 1, 「관인연품觀因緣品」(대정장 30, 1 중~하)에는, "不生亦不滅 不常 亦不斷 不一亦不異 不來亦不出 能說是因緣 善滅諸戱論 我稽首禮佛 說中第一"이라 고 하였다.

전수하였음도 이미 앞에서 살펴보았다.

이러한 중도공관사상의 논리는 승랑으로부터 비롯하는 남방 신삼론에 의해 중도공관을 횡수병관横竪幷觀으로 전개시켜 나가면서 삼론가의 실천논리인 중도공관으로 귀일歸一시켜 나가고 있었던 것이다. 『화엄경華嚴經』에서 말하기를, "정법正法의 자성自性은 일체의 언어도言語道로부터 멀리 벗어났으니, 일체의 취趣와 비취非趣는 모두 다 적멸성寂滅性이다"[257]라고 하였음이 주목된다. 이러한 승랑의 공관사상은 어디에서 누구로부터 배웠는가를 살펴보면 다음과 같다.

(69) 담영법사曇影法師가 말하기를, "대저 만화萬化는 종宗이 없는 것이 아니다. 그런데 종은 무상無相이다. 이것은 경境이 없음을 밝힌 것이다. 허종虛宗은 계합함契(Sutra 또는 Sutta)이 없는 것은 아니다. 그런데 계합하는 것은 무심無心이다. 이것은 무지無智를 밝힌 것이다. 그러므로 내외가 병명幷冥하여 연緣과 관觀(Vipasyana)이[258] 모두 고요한 것이다"라고 하면서 모두 경지境智가 없는 것이라고 하였다. 승조僧肇는 말하기를, "법法은 유무有無의 모양이 없으니, 경계가 없음을 밝힌 것이다. 성聖은 유무의 지知가 없으니, 무심無心을 밝힌 것이다. 밖에서도 헤아릴 수가 없고 안에도 마음이 없다"라고 하면서 모두 경지境智가 없다는 결론을 내렸다.[259]

이상에서 승랑은 중도공관사상을 담영과 승조 등에게서 배웠음을 알 수 있다. 또한 승랑은 이러한 중도공관사상을 계승하면서도

---

257) 길장의 『중관론소』(대정장 42, 50 하)에는, "正法性 遠離一切言語道 一切趣非趣 悉皆寂滅性"이라고 하였다.

258) 관觀(Vipasyana)은 비발사나毘鉢舍那 또는 비파사나毘波奢那로 음역되고 있다.

259) 길장의 『중관론소』(대정장 42, 50 하)에는, "影法師云 夫萬化 非無宗而宗者無相 此明無經 虛宗非無 契而契之者無心 此明無智 故內幷冥緣觀具寂 總無境智也 肇師云 法無有無之相 此明無境 聖無有無之知 此辨無心 無數於外 無心於內 總結無境智"라고 하였다.

삼론 특유의 횡수병관사상橫竪幷觀思想으로 전개하면서, 지금까지 극도로 전개한 논리가 어떻게 실천적인 관법觀法으로 구현되는가도 밝혀내고 있다.

우선 승랑은 "관觀에서 연緣을 다하고 연에서 관을 다한다"라고 하는 연진어관緣盡於觀 및 관진어연觀盡於緣을 전개하고 있다. 즉 관에서 연을 다한다라고 함에서 범부와 이승二乘은 유소득有所得이지만, 대승은 이러한 정관正觀 속에서 제연諸緣을 다하였다고 한다. 정관이 이미 생기면, 이와 같은 연緣은 곧바로 생겨나지 않기 때문에 연진어관緣盡於觀이라고 말한다. 그러나 있는 연緣이 이미 다하면 정관正觀도 곧바로 없어지는 것이다. 그러므로 관진어연觀盡於緣이라고 이름하였다. 연緣도 아니고 관觀도 아니어서 어느 것이 아름다운지를 알지 못하므로, 억지로 이름하여 중中이라고 하거나, 억지로 관觀이라고 이름한다고 밝히고 있다.[260] 이러한 논리를 보다 구체적으로 살펴보면 아래의 사료와 같다.

> (70) 횡론橫論으로 즉卽하면 이제二諦의 교敎는 병관幷觀이다. 유有가 공空에 즉할 때에 공空은 유有를 허물어뜨리지 않으며, 공이 유에 즉할 때에 유는 공을 흔들어 놓지 않는다. 그러므로 병관幷觀이 가능해지는 것이다. 이二는 불이不二이며 불이不二는 이二이니, 다만 이는 불이와 즉하고 다만 불이는 이와 즉한다. 그러므로 이二와 다른 불이不二는 없으며 불이와 다른 이도 없다. 그러므로 가명假名을 어그러뜨리지 않으면서도 제법諸法의 실상實相을 설명하고, 등각等覺을 흔들지 않으면서도 제법을 건립하는 것이다.[261]

---

260) 길장의 『중관론소』(대정장 42, 50 하~51 상)에는, "攝嶺大師云 緣盡於觀 觀盡於緣 緣盡於觀者 凡夫二乘有所得 大乘此諸緣盡 於正觀之內 以正觀旣生 如此之緣 卽不生故 云緣盡於觀 在緣旣盡 正觀便息 故名觀盡於緣 非緣非觀 不知何以美之 强名爲中 强稱爲觀"이라고 하였다.

고구려 승랑 연구

위에서는 횡론橫論과 병관幷觀이 서로 상즉함을 설명하고 있다. 이러한 과정을 거치면서, 승랑은 이제체二諦體의 가르침이 대략 병관幷觀의 가르침과 같다는 사실을[262] 다음과 같이 설명하였다. 즉, "인연소생법因緣所生法과 아설즉시공我說卽是空은 공空과 유有를 횡병橫幷하는 것이며, 역위시가명亦爲是假名과 역시중도의亦是中道義는 이二와 불이不二를 수병竪幷하는 것이다"[263]라고 하였다.

이처럼 이제二諦의 본체를 이二와 불이不二가 횡수橫竪로 병관幷觀하는 것이라고 이해한 점은, 이미 앞에서 살핀 이제시교론二諦是教論의 논리가 전개되어 나가는 최고도달점인 것이다. 또한 이것은 색즉공色卽空 공즉색空卽色하는 제법실상諸法實相의 세계를 구현하는 것이기도 하였다. 이러한 논리가 정법正法을 구현具顯하고자 할 때에, 실천적인 면이라고 할 수 있는 파사현정破邪顯正의 구현과 방법론이라고 할 수 있는 언교言教를 이제二諦로 정리한 것이 결국에는 중도공관으로 귀결되는 것이다. 이러한 면은 결국 승랑으로부터 비롯하는 삼론의 논리체계가 결국에는 이론과 실천의 합일이라는 측면으로 귀결됨을 보여주는 것이라고 할 수 있다.

---

261) 길장의 『이제의』 권하(대정장 45, 110 중~하)에는, "卽橫論 二諦敎幷 有卽空 空不
　　壞有 空卽有 有不動空 故得幷也 二不二 不二二 只二 卽不二 只不二 卽二 無二 異不
　　二 無不二 異二 故不壞假名 說諸法實相 不動等覺 建立諸法"이라고 하였다.
262) 길장의 『이제의』 권하(대정장 45, 110 중~하)에는, "然二諦體義 大格如此 猶有幷
　　觀義"라고 하였다.
263) 길장의 『이제의』 권하(대정장 45, 110 하)에는, "中論偈卽是 因緣所生法 我說卽是
　　空 此是空有橫幷也 亦爲是假名 亦是中道義 卽二不二幷也"라고 하였다.

결론

　본고는 지금까지 승랑의 생애와 그의 신삼론사상이 어떠한 사상 체계를 갖고 있었는지를 구체적으로 살펴보았다. 이를 위해 우선 고구려 요동성遼東城 출신인 승랑의 생애와 사상을 본격적으로 밝히려는 작업의 일환으로 고구려 불교계 동향을 전반적으로 검토하였다. 이러한 분석을 통해, 승랑이 고구려 불교사상사 전개과정에서 어떤 위치에 있었는지를 제시하였다. 나아가 승랑으로부터 비롯하는 신삼론사상이 이후 고구려 불교사상계에 어떠한 영향을 미쳤는지도 막연하지만 제시하였다.

　그런데 승랑의 생애를 자세하게 전하는 자료는 거의 찾아지지 않는다. 이러한 한계 때문에 승랑의 생애와 활동은 지금까지 크게 주목받지 못하였다. 이에 본고에서는 그나마 전하는 자료를 검토하면서, 승랑이 요동에서 출가한 사실과 북지로 구법의 길을 떠나는 과정을 살펴보았다. 또한 승랑이 북지에서 남조로 남하하는 과정 및 남하 이후의 활동을 좀더 구체적으로 살펴보았다.

　또한 승랑이 삼론학에서 차지하는 위치를 삼론학의 계보를 살펴보는 가운데에서 검토해 보았다. 이러한 이해를 바탕으로 승랑의 사상에 보이는 특징들을 나름대로 정리하였다.

　이러한 분석의 과정을 거치면서, 승랑의 신삼론사상이 갖고 있는 실천론인 파사현정의 구현과 이론적 측면인 언교言敎의 전개과정을 살펴보았다. 즉 실천적 측면에서는 파사현정의 구현을 살펴보았고, 언교의 전개과정에서는 이제二諦의 문제에서부터 출발하였다. 그리고 끝내는 언교의 최고도달점이 실천과 일치함을 이제의 새로운 해석에서부터 시작하여 이제가 중도공관으로 전개되어 나가는 과정에서부터 횡수병관橫竪幷觀으로 귀일歸一하는 과정까지 밝혀보았다.

　이처럼 본고에서는 승랑의 생애와 그의 신삼론사상을 구체적으로 밝히는데에 주력하였다. 그러나 그가 고구려불교사상사에서 가지는 의미를 드러내는 데에는 아무래도 미흡한 점이 많았다고 생각된다. 또한 그의 신삼론사상에서 논리의 전개과정을 이제二諦는 중도로 이어지며, 중도는 다시 중도공관으로 전개되어 나가는 과정에 중점을 두었다. 그렇기 때문에 신삼론사상이 동아시아 불교사상사에서 어떤 의미를 갖는가라는 측면의 분석까지 검토하지는 못하였다. 그리고 본고에서 밝힌 중도공관의 구현은 결국 다음 단계로 나아가면 계속해서 불성佛性의 문제와 열반의 부각으로까지 전개되어야만 할 성질의 것이라고 할 수 있다.

　이러한 불성의 문제와 열반의 부각은 이후 고구려불교사상의 내용을 전하고 있는 의연義淵과 보덕普德의 사상을 이해하고자 할 때에도 계속해서 적용되는 중요한 문제라고 할 수 있다.[264] 그러나 이

---

264) 저자는 이러한 부분을 평소 고민하면서, 다음과 같은 논문을 이미 발표한 적이 있다. 아래의 논문이 참고된다.
　　남무희, 「고구려후기 불교사상 연구 -의연의 지론종사상 수용을 중심으로-」『국

러한 부분에 대한 분석에까지 나아가지는 못하였다. 다음의 연구에
서는 의연과 보덕의 생애와 사상을 집중적으로 분석하면서, 그들의
불교사상이 갖는 의미에 대해서도 보다 깊이 있게 다루어 보고자
한다.

사관논총』 95, 2001.
남무희, 「안원왕·양원왕대 정치변동과 고구려 불교계 동향」 『한국고대사연구』
45, 2007.
이러한 논문에서 미처 밝혀내지 못한 부분들을 앞으로 보다 더 세밀하고 구체적으
로 검토하면서, 승랑 이후 고구려불교사상사의 전개과정 및 그러한 사상계의 변화
가 동아시아 불교사상사에서 어떤 의미를 갖고 있었는지도 앞으로 계속 밝혀나갈
계획이다.

참고문헌

• 사료 •

『三國史記』『三國遺事』『海東高僧傳』『晉書』『魏書』

『南史』『金陵梵刹志』

『高僧傳』(梁 慧皎撰, 大正新修大藏經 50)

『續高僧傳』(唐 道宣撰, 대정신수대장경 50)

『三寶感通錄』(唐 道宣撰, 대정신수대장경 52)

『中觀論疏』(隋 吉藏撰, 대정신수대장경 42)

『十二門論疏』(위와 같음)

『三論玄義』(隋 吉藏撰, 대정신수대장경 45)

『二諦義』(위와 같음)『大乘玄論』(위와 같음)

『法華玄義釋籤』(唐 湛然述, 대정신수대장경 33)

『中論疏記』(日本 安澄撰, 대정신수대장경 65)

『中論』(龍樹造, 대정신수대장경 65)

『三論祖師全集』(작자 미상, 『大日本續藏經』 111)

• 단행본 •

前田慧雲, 『三論宗綱要』, 丙午出版社, 1920.

境野黃洋, 『支那佛敎史講話』, 共立社(東京), 1927.

湯用彤,『漢魏兩晉南北朝佛教史』, 商務印書館, 1938.

塚本善隆,『支那佛教史硏究』(北魏篇), 淸水弘文堂, 1942.

平井俊榮,『中國般若思想史硏究 -吉藏と三論學派-』, 春秋社, 1976

張曼濤 主編,『三論宗之發展及其思想』, 大乘文化出版社, 1978.

張曼濤 主編,『三論典籍硏究』, 大乘文化出版社, 1979.

武田幸男,『高句麗史と東アジア』, 岩波書店, 1989.

石井公成,『華嚴思想の硏究』, 春秋社, 1996.

鎌田茂雄 저, 정순일 역,『중국불교사』, 경서원, 1985.

鎌田茂雄 著, 申賢淑 譯,『韓國佛敎史』, 民族社, 1988.

呂澂 著, 각소 옮김,『중국불교학 강의』, 민족사, 1992.

최남선,『조선불교 -동방 문화사상(文化史上)에 있는 그 지위-』, 조선불교청년회, 1930.

정인보,『조선사연구』, 서울신문사, 1947 ;『담원(園) 정인보전집』4,『조선사연구』하, 연세대학교출판부, 1983.

이홍직,『한국고대사의 연구』, 신구문화사, 1971.

불교문화연구원 편,『한국불교찬술문헌총록』, 동국대학교출판부, 1976.

차주환,『한국도교사상연구』, 서울대학교출판부, 1978.

이병도,『한국고대사연구』, 박영사, 1979.

이기백, 이기동,『한국사강좌』(Ⅰ) 고대편, 일조각, 1982.

이기백,『신라사상사연구』, 일조각, 1986.

김동화,『삼국시대의 불교사상』, 민족문화사, 1987.

고익진,『한국고대불교사상사』, 동국대학교 출판부, 1989.

장휘옥(章輝玉),『해동고승전연구』, 민족사, 1991.

정승석 편,『불전해설사전』, 민족사, 1989.

왕건군 저(임동석 역),『광개토왕비연구』, 역민사, 1993.

노태돈,『고구려사연구』, 사계절, 1999.

박한제,『박한제 교수의 중국 역사 기행 1 영웅시대의 빛과 그늘, 삼국 · 오호십육국 시대』, 사계절, 2003.

방학봉,『중국을 뒤흔든 우리 선조 이야기: 고구려 · 백제 · 신라편』, 일송북, 2004.

임대희 · 이주현 · 이윤화 외 옮김,『위진남북조사』, 서경, 2005.

정선여, 『고구려 불교사 연구』, 서경문화사, 2007.

서영애, 『신라 원효의 금강삼매경론 연구』, 민족사, 2007.

송찬우, 『조론(肇論)』, 경서원, 2009.

윤창화, 『근현대 한국불교 명저 58선』, 민족사, 2010.

• 관련논문 •

塚本善隆, 「支那淨土教の展開」『支那佛教史研究』(北魏篇), 淸水弘文堂, 1942.

Richard A Gard, 「THE MADHYMIKA IN KOREA」『백성욱박사송수기념불교논문집』, 1959.

伊藤隆壽, 「大乘四論玄義 逸文の整理」『駒澤大學 佛敎學部論集』 제5호, 1974.

伊藤隆壽, 「智光の撰述書について」『駒澤大學 佛敎學部論集』 제7호, 1976.

伊藤隆壽, 「三論宗學系史に關する傳統說の成立」『駒澤大學 佛敎學部硏究紀要』 제36호, 1978.

武田幸男, 「牟頭婁一族と高句麗王權」『高句麗史と東アジア』, 岩波書店, 1989.

정인보, 「전고갑(典故甲) 4. 석도전(釋道傳), (3) 도랑(道朗)의 삼론종확립」「조선사연구』 하, 서울신문사, 1947 ; 『담원(薝園) 정인보전집』 4, 『조선사연구』 하, 연세대학교출판부, 1983.

이기백, 「삼국시대 불교전래와 그 사회적 성격」『역사학보』 6, 1954.

김동화, 「고구려시대의 불교사상(측면적 고찰의 일시도)」『아세아연구』 II-1, 1959.

안계현, 「고구려불교의 전개」『한국사상』 강좌 제7집, 한국사상연구소편, 1964.

김잉석, 「고구려 승랑과 삼론학」『백성욱박사송수기념불교학논문집』, 1959.

김잉석, 「용수(龍樹)를 조종(祖宗)으로한 인도중관학파의 진리성과 역사성」『동국사상』 2, 1963.

김잉석, 「승랑을 상승(相承)한 중국삼론의 진리성」『불교학보』 1, 1963.

김잉석, 「승랑을 상승한 중국삼론의 역사성」『동국대학교논문집』 1, 1964.

이용범, 「고구려의 성장과 철」『백산학보』 1, 백산학회, 1966.

박종홍, 「고구려 승랑의 인식방법론과 본체론」『한국사상사』(서문문고 11), 1972. 유병덕, 「승랑과 삼론사상」『숭산박길진박사화갑기념 한국불교사상사』, 1975.

유병덕, 「한국불교의 원융사상」『원광대학교 논문집-전원배박사 고희기념-』 8, 1975.

김영태,「고구려불교사상」『숭산박길진박사화갑기념 한국불교사상사』, 1975.

김영태,「고구려불교전래의 제문제」『불교학보』15, 1978.

김영태,「해외문헌사료보초」『불교학보』17, 1980.

김영태,「삼론정맥(三論正脈) 청의학통(青衣學統)의 사적(史的) 전개」『한국불교학』24, 1998.

김인덕,「승랑대사 사상·학설의 관계자료」『한국불교학』7, 1973.

김인덕,「Kumarajiva와 전(前), 후진(後秦) 장안사회(長安社會)」『동국사상』9, 1976.

김인덕,「삼론현의 현정론연구」, 동국대 박사학위논문, 1979.

김인덕,「중론(中論)의 중요사상과 논리형식」『불교학보』19, 1982.

김인덕,「삼론학의 중도불성설」『불교학보』21, 1984.

김인덕,「승랑의 삼론사상」『철학사상의 제문제』(II), 한국정신문화연구원, 1984.

김인덕,「중론(中論) 팔불선설(八不宣說)에 대한 제문제」『불교와 제과학』(동국대학교 개교팔십주년기념논총), 1987.

김인덕,「고구려의 삼론사상 전개」『가산이지관스님화갑기념논총 한국불교문화사상 사』상, 1992.

최동희,「한국사상의 자각적인 발단」『한국사상』17-특집 : 한국사상사의 전개, 한국사 상연구회, 1980.

김항배,「승랑의 화사상(和思想) -특히 변증(辨證) 논리를 중심으로-」『불교학보』23, 1986.

지배선,「전(前), 후연(後燕)의 종교-불교를 중심으로-」『한성사학』4, 1986.

이만열,「고구려사상정책에 대한 몇가지 검토」『유홍렬화갑기념논총』, 을유문화사, 1971.

서경수,「불교초기의 교단형성사」『동국대학교논문집』12, 1973

안계현,「삼국시대불교교단의 성립」, 위와 같음.

이용범,「북조전기불교의 고구려전래」, 위와 같음.

이민용,「삼국시대불교교단과 초기신앙의 성격」, 위와 같음.

김정배,「불교전입전의 한국상대사회상」『숭산박길진박사화갑기념 한국불교사상사』, 1975.

김두진,「고대의 문화의식」『한국사』2, 고대민족의 성장, 국사편찬위원회, 1984.

고구려 승랑 연구

김두진, 「고대인의 신앙과 불교수용」, 위와 같음.

김두진, 「불교의 수용과 고대사회의 변화」 『한길역사강좌 12, 한국고대사론』 8, 1988.

고익진, 「한국고대의 불교사상」 『철학사상의 제문제』(II), 한국정신문화연구원, 1984.

고익진, 「삼국시대 대승교학에 대한 연구」 『철학사상의 제문제』(III), 한국정신문화연구원, 1985.

고익진, 「한국 불교철학의 원류와 전개 : 공관(空觀)을 중심으로」 『철학사상의 제문제』(IV), 한국정신문화연구원, 1986.

전호태, 「5세기 고구려고분벽화에 나타난 불교적 내세관」 『한국사론』 21, 1989.

정경희, 「삼국시대 사회와 불경의 연구」 『한국사연구』 63, 1988

신동하, 「고구려의 사원조성과 그 의미」 『한국사론』 19, 서울대국사학과, 1988.

신동하, 「고대사상의 특성」 『전통과 사상』(IV), 한국정신문화연구원, 1990.

채인환, 「고구려불교계율사상연구」 『불교학보』 27, 1990.

차주환, 「고구려의 도교사상」 『한국도교사상연구』, 서울대출판부, 1978.

이내옥, 「연개소문의 집권과 도교」 『력사학보』 99, 100합집, 1983.

노용필, 「보덕의 사상과 활동」 『한국상고사학보』 2, 1989.

노태돈, 「연개소문과 김춘추」 『한국사시민강좌』 5, 일조각, 1989.

노태돈, 「모두루묘지」 『역주 한국고대금석문』 1, 한국고대사회연구소, 1992.

남무희, 「고구려 승랑의 생애와 그의 신삼론사상」 『북악사론』 4, 1997.

남무희, 「고구려후기 불교사상 연구 -의연의 지론종사상 수용을 중심으로-」 『국사관논총』 95, 2001.

남무희, 「안원왕·양원왕대 정치변동과 고구려 불교계 동향」 『한국고대사연구』 45, 2007.

남무희, 「광개토왕 장수왕대 요동지역의 고구려 불교」 『만주학보』 9, 2009.

박상수, 「승랑의 삼론학과 사제설(師弟說)에 대한 오해와 진실 (1)」 『불교학연구』 1, 2000.

박상수, 「승랑의 삼론학과 사제설에 대한 오해와 진실 (2)」 『한국불교학』 2008.

박상수, 『삼론현의』, 소명출판, 2009.

김성철, 「승랑의 생애에 대한 재검토 1」 『한국불교학』 40, 2005.

김성철, 「승랑의 생애에 대한 재검토 2」 『보조사상』 23, 2005.

김성철,「승랑의 생애에 대한 재검토 3-담경의 정체와 초당사의 위치, 그리고『화엄의 소』의 저술-」『한국불교학』 50, 2008.

김성철,「신삼론(新三論) 약교이제설(約敎二諦說)의 연원에 대한 재검토」『한국불교학』 45, 2006.

한명숙,「길장의 삼론사상 연구」, 고려대 박사학위논문, 2003.

한명숙,「승랑의 삼론학 -언어로부터의 자유, 언어를 통한 자유-」『인물로 보는 한국의 불교 사상』, 예문서원, 2004.

한명숙,『삼론학의 반야사상 연구』, 한국학술정보(주), 2005.

석길암,「길장의 삼론교학이 원효에게 미친 영향」『불교학연구』 8, 2004.

석길암,「승랑의 중국불교 사상사적(思想史的) 지위 -불교 중국화의 일시점-」『불교연구』 22, 2005.

서영애,「제9장 원효의 선관론의 역사적 위치 및 의의」『신라 원효의 금강삼매경론 연구』, 민족사, 2007.

박선영,「고구려 승랑의 중국 유학과 활동 및 사승(師承) 관계」『천태종전운덕총무원장 화갑기념 불교학논총』, 1999.

박한제,「우리에게 부처님의 자비를 가르쳐 준 부견(符堅) 황제의 꿈과 현실 ; 비수(淝水) 전쟁 유적지와 부견의 묘 탐방」『박한제 교수의 중국 역사 기행 1 영웅시대의 빛과 그늘, 삼국 · 오호십육국 시대』, 사계절, 2003.

노태돈,「삼국의 정치와 사회」『한국사』 2, 국사편찬위원회, 1978.

박윤선,「고구려의 불교수용」『한국고대사연구』 35, 2004.

서영대,「고구려 평양천도의 동기 -왕권 및 중앙집권적 지배체제의 강화과정과 관련하여-」『한국문화』 2, 1981.

이공범,「삼국의 분열과 남북조의 대립」『개관 동양사』, 동양사학회, 지식산업사, 1983.

김영하,「고구려의 순수제」『역사학보』 106, 1985.

정구복,「고려시대의 사학사연구」, 서강대 박사학위논문, 1985.

정구복,「한국의 역사가 김부식」『한국사 시민강좌』 9, 1991.

정구복,「고구려의 '고려' 국호에 대한 일고 -삼국사기』의 기록과 관련하여-」『호서사학』 19 · 20, 1992.

이공범,『위진남북조사』, 지식산업사, 2003.

고구려 승랑 연구

이기동, 「고대국가의 역사의식」 『한국사론』 6, 국사편찬위원회, 1979.

이영석, 「북위 태무제의 화북통일과 대불교정책」 『대구사학』 24, 1983.

이영석, 「북위 문성제의 흥불정책에 관한 연구」 『마산대학논문집』 6-2, 1984.

이영석, 「남북조시대 불교교단의 통제에 관한 연구-북조의 승관제를 중심으로-」 『창원대학논문집』 10-1, 1988.

이영석, 「북위 헌문, 효문제시대의 불교정책 -문명태후를 중심으로-」 『경북사학』 15, 1992.

문명대, 「고구려조각의 양식변천시론」 『전해종박사화갑기념사학논총』, 일조각, 1979.

문명대, 「고구려 불탑의 고찰」 『역사교육논집』 5, 1993.

문명대, 「고구려 초창불교사원 성문사·이불란사의 고찰」 『강좌 미술사』 10, 1998.

정재서, 「태평경(太平經)의 성립 및 사상에 관한 시론」 『논총, 인문과학논집』 59집 1호, 이화여대 한국문화연구원, 1991.

이만, 「고구려 의연(義淵)의 유식교학 -중국 지론종의 법상(法上)과의 관계를 중심으로-」 『한국불교학』 21, 1996.

김주경, 「승조(僧肇)의 연구」, 동국대 박사학위논문, 1998.

이문기, 「고구려 덕흥리고분 벽화의 '칠보행사도'와 묵서명」 『역사교육논집』 25, 1999.

임기환, 「6·7세기 고구려 정치세력의 동향」 『한국고대사연구』 5, 1992.

임기환, 「4세기 고구려의 낙랑·대방지역 경영」 『역사학보』 147, 1995.

임기환, 「후기의 정세변동」 『한국사』 5, 국사편찬위원회, 1996.

임기환, 「고구려 왕호의 변천과 성격」 『한국고대사연구』 28, 2002.

신종원, 「『삼국유사』 고구려 불교초전 기사에 대한 역주」 『문화재』 27, 문화재관리국, 1994.

장효정, 「고구려왕의 평양이거와 왕권강화」 『실학사상연구』 15·16, 2000.

정선여, 「고구려 승려 의연(義淵)의 활동과 사상」 『한국고대사연구』 27, 2000.

정선여, 「6세기 고구려 불교신앙」 『백제연구』 34, 2001.

정선여, 「7세기대 고구려 불교정책의 변화와 보덕(普德)」 『백제연구』 42, 2005.

정선여, 『고구려 불교사 연구』, 서경문화사, 2007.

김선숙, 「『삼국유사』 요동성육왕탑조의 '성왕(聖王)'에 대한 일고」 『신라사학보』 1, 2004.

방학봉, 「중국 불교의 위대한 스승 승랑」 『중국을 뒤흔든 우리 선조 이야기 : 고구려 · 백제 · 신라편』, 일송북, 2004.

서영교, 「북위(北魏) 풍태후(馮太后)의 집권과 대(對)고구려 정책」 『중국고대사연구』 11, 2004.

시노하라 히로카타, 「고구려적 국제질서인식의 성립과 전개 -4~5세기를 중심으로-」, 고려대 박사학위논문, 2005.

김상현, 「중국 문헌 소재 고구려 불교사 기록의 검토 -구법승의 동아세아 불교에의 참여를 중심으로-」 『고구려의 사상과 문화』, 고구려연구재단, 2005.

김진순, 「5세기 고구려 고분벽화의 불교적 요소와 그 연원」 『미술사학연구』 258, 2008.

조경철, 「광개토왕대 영락(永樂) 연호와 불교」 『동북아역사논총』 20, 2008.

정호섭, 「고구려 고분의 조영과 제의」, 고려대 박사학위논문, 2009.

강재광, 「고구려 광개토왕의 요동확보에 관한 신고찰 -광개토왕비 '정미년조'의 새로운 해석을 중심으로-」 『한국고대사탐구』 2, 2009.

소현숙, 「양 무제의 불교정책」 『한국고대사탐구』 2, 2009.

소현숙, 「양무제와 동태사」 『불교학보』 54, 2009.